社寺会堂から探る
江戸東京の精神文化

中島隆博・吉見俊哉・佐藤麻貴 編集
湯島神田上野社寺会堂研究会 協力

keiso shobo

はしがき

吉見俊哉

本書の成り立ちをご理解いただくには、まず東京文化資源会議がどんな団体なのか、簡単に説明しておかなければなりません。この会議は、都心北部の大学、研究機関、文化・宗教施設、企業、ＮＰＯ、国の省庁などの有志からアーティストや地域活動家までが半脱藩志士的に集まって、二〇一四年に結成されました。「半脱藩志士的」と形容したのは、それぞれのメンバーが、自分の組織に所属し続けながら、日本型のタテ割り組織とは異なる横断性に社会を変える契機を見出しているからです。出身も立場も考え方も様々ですが、唯一、東京文化資源区を実現していこうとする意志において一致しています。

それでは、その東京文化資源区とは何でしょうか。地域的には、この文化地区は、秋葉原、神保町、湯島、本郷、上野、谷中、根津、千駄木、根岸など、東京都心北部の旧神田区、旧下谷区、旧本郷区にまたがる一帯です。この一帯は、まさしく江戸・東京の宗教や知、広義の精神文化の中心でした。明治になると、ここには多数の大学や専門学校が林立し、日本最大の学生街の様相を呈します。また上野は、寛永寺の壮麗な仏教伽藍から博覧会や博物館、動物園が並ぶミュージアムシティに転換しました。

この地域の文化は、もともと一方では湯島聖堂、神田明神、湯島天神、寛永寺などが連なる本郷台地や上野台地の東端の社寺によって、他方では台地東端の崖下に広がる下谷や不忍池、湯島などの茶店や職人町によって担われていました。これが明治以降、近代国家の学芸や観覧の文化に取って代わられ、やがては書店からラジオ、アニメやゲームなどのメディア文化とも結びついていきます。近世・近代を通じ、これほど多様な文化的凝集性を蓄積してきた地域は、世界の大都市を見渡してもありません。

東京文化資源会議では、これまでこの地区の文化的一体性を再生するために、浅草から上野、御徒町、秋葉原、神保町、水道橋というように地域を貫いてスローモビリティの路面電車を復活させていくトーキョー・トラムタウン構想や、上野公園の夜をアーティストや文化活動、露店に開放し、良質の夜の賑わいを公園に創出する上野ナイトパーク構想、上野不忍池畔から湯島・御徒町にかけての一帯の街づくりを進める上野スクエア構想、ラジオの街から始まった秋葉原一帯の街づくりを地域の人々と考える広域秋葉原作戦会議などの草の根的な街づくり、文化運動を同時多発的に展開させてきました。

そうしたなかで、この地域の文化・宗教施設を横断的につないでいこうという湯島神田上野社寺会堂研究会は主要な、そしてとても挑戦的な試みです。というのも、この文化資源区の多様なものの結びつきを象徴するのが、この地域に集中する異なる社寺会堂群なのです。この地域には、神道、仏教、儒教、カトリック、正教会、プロテスタント、イスラームなど、実に多くの文化・宗教施設が集中しています。わずか半径二キロほどの広がりのなかに、これほど多様な歴史ある施設が集中している地域は、他の世界の都市にはありません。エルサレムには、ユダヤ教とキリスト教とイスラームの施設がありますが、おそらく仏教や儒教、神道、正教会のものはなく、しかも三つの一神教は厳しく対立しています。そのような対立は、東京都心北部に集中する文化・宗教施設にはありません。

私たち東京文化資源会議では、この地域の異なる精神文化を横断的に結ぶために、過去約五年にわたって六つの文化・宗教施設、すなわち神田神社（神田明神）、湯島聖堂、東京復活大聖堂教会（ニコライ堂）、湯島天満宮（湯島天神）、アッサラーム・ファンデーション、寛永寺を運営する方々に数カ月ごとに集まっていただき、地域の未来をデザインするコンソーシアム的会議を運営してきました。この会議のなかで主に精神文化、思想面について議論する場として展開されてきたのが、中島隆博先生を塾長とする社寺会堂塾です。「塾」という命名が卓抜で、冒頭にも触れた幕末の草莽の脱藩志士たちが、藩などのタテ割り組織の壁を越えて横断的に交流していた時代を想起させます。本書はこの「塾」活動の主要な成果です。

東京は世界都市ですが、ニューヨークやロンドン、シンガポールのような都市とは異なります。そのネガティブな面は、文化的、民族的多様性に劣り、これらの都市ほどにはグローバルにオープンでない点ですが、ポジティブな面は、丘や谷や坂、川などの微地形に富み、時代を超えて比較的小規模な施設が多様に息づいている点です。東京にニューヨークのメトロポリタン美術館やロンドンの大英博物館はありませんが、細かく魅力的な施設をつないでいくと、人類の文化的営みの多様さ、豊饒さを集約するような都市風景が浮かび上がってきます。本書のタイトルにある「社寺会堂」は、その典型です。

社寺会堂から探る　江戸東京の精神文化

目次

千駄木駅
谷中霊園
東叡山 寛永寺
大名時計博物館
言問通り
JR鶯谷駅
東京藝大
東京藝大
大学美術館
国立博物館
根津駅
東京都美術館
国立科学博物館
国立西洋美術館
弥生美術館
上野恩賜公園
上野学園大
第一工業大
不忍通り
東京大
JR上野駅
上野の森美術館
稲荷町駅
不忍池
京成上野駅
下町風俗資料館
国立近現代建築
資料館
東大総合
研究博物館
湯島駅
上野御徒町駅
JR御徒町駅
春日通り
本郷三丁目駅
湯島天満宮
(湯島天神)
上野広小路駅
仲御徒町駅
新御徒町駅
アッサラーム
ファンデーション
日本薬科大
お茶の水キャンパス
日本サッカーミュージアム
昭和通り
蔵前橋通り
首都高速1号上野線
末広町駅
順天堂大
神田神社(神田明神)
中央通り
東京医科歯科大
湯島聖堂
JR御茶ノ水駅
JR秋葉原駅
新御茶ノ水駅
明治大
日本大
理工学部
東京復活大聖堂教会
(ニコライ堂)
神田川
0
125
250m
N
© 2020 ZENRIN CO., LTD.

序論　精神文化の水脈

中島隆博

東京の中心部は水に恵まれている。三四郎池や不忍池さらには江戸時代から続く大名庭園にこしらえられた池などを見ると、豊かな水脈がその地下を走っていることがわかる。それは、関東ローム層が削られてできた台地を廻るような水脈である。それらと重なるように、数多くの宗教施設や精神文化施設が存在している。それらもまた、俯瞰的に見れば、江戸東京の精神文化の豊かな水脈を形成しているのである。

そうした施設を繋ぐことで、江戸から東京にかけての精神文化の水脈を明らかにすることができないものか。こうした問いを抱えて、東京文化資源会議のなかに、湯島神田上野社寺会堂研究会が発足した。吉見俊哉先生（東京大学）、宇野求先生（東京理科大学）、柳与志夫先生（東京大学）の見事なイニシアティブのもと、議論を深めていったのである。その後、精神文化に特化した議論を行うために、中島を塾長とする社寺会堂塾というプロジェクトを立ちあげた。そして、湯島、神田から上野へと、徐々にその範囲を拡大しながら、六つの施設にご協力をいただいたのである。すなわち、神田明神（神田神社）、湯島聖堂、東京復活大聖堂教会（ニコライ堂）、湯島天満宮（湯島天神）、アッサラーム・ファンデーション、寛永寺である。それぞれ由来や来歴が異なる多様な施設であるが、いずれも東京の中心部で、生き生きと活動している。それらを繋ぐことで、この地域での精神文化の未来を展望しようというのである。

本書の第I部では、これら六つの社寺会堂の来歴と現在そして未来を、インタビューを通じて明らかにしていった。吉見俊哉先生と中島がそれぞれインタビューアーを務めて、各施設の精神文化の形を対話から探ってみたのである。公式の案内文からだけでは見えてこない歴史の襞や思いに触れていただければ幸いである。浮かび上がってきた興味深いポイントを少し紹介しておこう。

江戸の都市計画では、江戸城を中心として、北東の鬼門の方向に神田明神と寛永寺を配し、南西の裏鬼門の方向に日枝神社と増上寺を配していた。ところが、明治になると、江戸を精神的に支えていたこの配置が崩れ、神田明神は平将門を祭神から外され、社格を下げられる一方、寛永寺は上野戦争で焼かれるだけでなく、明治政府に寺領の相当部分を没収された。その暗い時代を支えたのが、神田明神の場合は庶民であり、寛永寺は渋沢家と大倉家そして檀家であった。こうした記憶を辿り直すことによって、サブカルチャーに積極的に関与している現在の神田明神の背後にある歴史に触れることができるし、かつての寺領であった上野公園とそこにある博物館などの近代的な諸施設と寛永寺の複雑な関係に思いを馳せることもできる。

神田明神のすぐ南には湯島聖堂があり、そこから聖橋を渡ったさらに南に東京復活大聖堂教会（ニコライ堂）がある。「聖橋」とは、二つの聖堂を結ぶという意味である。湯島聖堂は江戸から東京にかけて、一貫して儒教の中心であった。毎年四月の第四日曜日に孔子祭を行っていて、神田明神の方々が儀礼を担当されている。かつては湯島聖堂と神田明神は繋がっていて、今のように道路で寸断されてはいなかった。この湯島聖堂にも、昌平坂学問所という江戸の記憶とともに近代の記憶が刻まれている。つまり、その敷地には、近代的な大学である東京師範学校（現在の筑波大学）や東京女子師範学校（現在のお茶の水女子大学）そして博物館（現在の東京国立博物館）がまず置かれたのである。

東京復活大聖堂教会は、一九世紀末に建てられた時は、東京のあちこちから見える壮麗な建物で、多くの絵画に描かれている。しかし、この壮麗な建物も、その後は歴史と政治に翻弄されていく。二〇世紀の前半は日露戦争やロシア革命を経て、ロシアとの関係が細くなったし、後半はアメリカの政策でロシアから主教を迎えることが禁じられるまでになった。それでも、ソ連崩壊の後は、ロシア正教会との関係が再び深まりつつある。そのような中で、外交官としてリトアニアでユダヤ系を含む難民にビザを発行した杉原千畝のような信徒がいたことは特筆されることだ。

神田明神から北に進むと、湯島天満宮がある。こちらは歴史の古い神社で、ある時期から菅原道真を祀っている。江戸時代には寛永寺の別当が入っていたようだが、両者の関係を示す資料がないために、実際のところはわからない。興味深いのは、日光東照宮の本殿の造りが京都の北野天満宮の権現造をモデルにしているということだ。徳川家光が、庶民に親しまれた菅原道真を家康に重ね合わせたのではないかと推測されている。

アッサラーム・ファンデーションが位置するのは上野の南、御徒町である。宝石商を中心としたビジネス・コミュニティーが支えていて、グローバル化した東京のひとつの突端である。クルアーンを読むことは、それ自体が信仰の実践であり、そのためには英語への翻訳だけでなく、ローカルな言語への翻訳、とりわけ東京では日本語への翻訳が重要になってくる。その翻訳を通じて、あらためて日本文化もまた問い直されているのである。

第Ⅱ部では、精神文化の専門家に寄稿いただいた四本の原稿と、それをもとに行った座談会の記録を掲載している。現在の学問の到達地点から、仏教、神道、キリスト教、イスラーム、儒教をどう考えることができるのか、またこれらの多様な精神文化を重ね合わせて論じることで、普遍的なものに向かっていかなる寄与ができるのかを示したものである。

学問的な関心から見れば、近年注目されているのは、「脱世俗化」や「宗教復興」と呼ばれる世界的なうねりである。近代において、キリスト教とりわけプロテスタンティズムをモデルにした宗教概念が世界を覆った。それと同時に、そうした宗教を個人の内面的な信仰に位置づけて、公共空間から宗教を押しやり、公共空間を世俗的なものにすることが推進された。ところが、二〇世紀の終わり頃から、世界的な規模で「脱世俗化」や「宗教復興」が生じ、近代的な宗教と世俗という枠組みが大きく問い直されるようになったのである。

これはひとつのチャンスでもある。というのも、近代的な宗教概念にわたしたちはずいぶんと翻弄されてきたからである。たとえば「儒教は宗教なのか」という問いがしばしば問われてきた。しかし、それは宗教の定義によって異なる答えが出てくるものであり、近代的な宗教概念（聖職者集団、教会のような制度、聖典、内面的な信仰等にもとづく）を範例にすれば、「儒教は宗教ではない」ということになる。また、神道であっても、戦前であれば「神道は宗教ではない」という公式見解が出されていたのである。仏教を考えてみても、近代の仏教がキリスト教的な意味で宗教化していったこともあったが、すべてが宗教化に還元できるものではなく、その世俗との繋がりは決して無視できない。さらに、一神教という概念でキリスト教と同じように括られるイスラームにしても、キリスト教との違いは無視できないものがある。何よりも、「一神教」という概念それ自体は決して古いものではなく、一七世紀のイギリスのプラトン主義という特殊な背景で成立したものであることを考えると、必ずしも適切なものではない。

そうであれば、狭い意味での宗教概念から解き放たれて、東京の中心で水脈を形成している精神文化を読み直すチャンスが到来していると考えることができるだろう。それは、日本にあった、これまた近代的な「世俗」とは異なる世俗の意義をも見直すことにも繋がっていく。

ただし、注意しなければならないのは、このことが近代的な「宗教」や「世俗」概念の果たした意義をすべて否定しようというわけではないということだ。それらが因習化された従来の精神文化に風穴を開けて、自由に物事を考えることを可能にしたことには、重要な意義があったからである。そうではなく、結果としてある桎梏となってしまった近代的な諸概念を再考することで、そのあらたな可能性をもう一度見出そうというのである。

その際に、近代の荒波に揉まれ、多くの変容を遂げながらも、今に至るまで生き生きと活動し続けてきた諸々の精神文化のあり方は、大いに示唆的である。そこにある多様性と複雑性を損なうことなく、お互いがその変容してきたプロセスを確認することで、あらたな対話が可能になる。そして、そうした対話から、この困難な時代において、わたしたちが単に「生きる」のではなく「よく生きる」ためのヒントが浮かび上がってくるのだ。

第Ⅲ部は、湯島天満宮の押見権宮司と吉見先生そして中島による鼎談で、現場における実践と学問が連携することによって、いかなる新しい精神文化が開かれうるかを考えたものである。

その未来の鍵となるのは「寛容」ではないだろうか。異なる宗教や精神文化が、東京の中心において、平和的に共存していることは、それ自体が実に貴重なことである。かつてイスラエルを巡った際に、「空気までもが緊張している」と感じざるをえなかったのだが、東京の中心で感じる空気感はそれとはまったく異なっている。「よく生きる」ために、「寛容」が二一世紀の宗教や精神文化の鍵概念のひとつになるとすれば、その具体的な姿を、わたしたちは東京の中心において感じることができる。

もはや近代的な諸概念がそのまま普遍的であるわけではない。しかし、普遍的であろうとすることを諦めて、特殊なものに閉じこもるばかりでは、分断や孤立は深まるばかりである。根底的な多様性や複雑性を尊重することが、同時に、それを貫いて、普遍的なものに関与するような道をどう見つけることに繋がるのか。「寛容」はそのひとつの答えではあるだろう。

この本を通じて、こうした精神文化の未来について読者の皆さんと一緒に考えてみたい。

なお、この本には、六施設を一望できる地図を入れている。これは真鍋陸太郎先生のプロジェクトである「地図ファブ」と連携したもので、「地図ファブ」が作成したオンライン上の「精神文化ぶらり」というサイトでは本書の記述の一部が地図上の該当箇所で読めるようになっている。是非、この地図とともに、この地域を歩いていただいて、一種の「巡礼」のように、多様な精神文化を繋ぐ旅をしていただければと思う。それが二一世紀的な新しい精神文化を開く、具体的な一歩になるはずである。

I

社寺会堂の現在・過去・未来——6施設へのインタビュー

神田神社（神田明神）

〒101-0021 東京都千代田区外神田2-16-2
℡ 03-3254-0753

神田神社（神田明神）は、八世紀の創建。江戸城の表鬼門となる現在の地に江戸時代初期に遷座し、以後、江戸総鎮守として将軍家から庶民にいたるまで広く親しまれてきた。御祭神は、だいこく様（大己貴命）、えびす様（少彦名命）、そしてまさかど様（平将門命）。二年に一度行われる神田祭は、京都の祇園祭、大阪の天神祭と並ぶ日本三大祭のひとつである。また山王祭、深川八幡祭とともに江戸三大祭のひとつに数えられている。

清水祥彦（神田神社宮司）
×
吉見俊哉

江戸の都市計画

吉見俊哉　江戸時代、神田明神（神田神社）は江戸の総鎮守、総氏神としての役割がとても大きかったと思います。江戸の総鎮守というのは、秋葉原から外神田、内神田、日本橋、大手町近くくらいまででしょうか。江戸時代に一番氏子が広がった頃の神田明神の氏子の範囲はどれくらいになりますか。

清水祥彦　現在は氏子の範囲が町会毎にはっきりしていますが、江戸時代は氏子の線引きが明確ではありませんでした。そのため、当時は神田祭と山王祭のそれぞれ両方に参加している氏子もあり、神田と日本橋を中心とした氏子の範囲は厳密ではなかったようです。

吉見　山王祭は日枝神社のお祭りですね。江戸には大小様々なお寺や神社がありましたが、江戸という都市の成り立ちを考える上で、お寺では寛永寺と増上寺、神社では神田明神と日枝神社が非常に重要でした。これら寺社の配置には、何か深い都市計画的な意図を感じますね。

清水　江戸城を中心にして神田明神と寛永寺を鬼門の方向に配置し、日枝神社と増上寺を裏鬼門と言われる南西に配置する、というのが寛永寺の天海僧正の描いた都市計画の基本だったと言われています。当時の構想としては、鬼門と裏鬼門を封じるために幕府にとって主要な社寺を配置し、それによって都市の精神的な意味での安定をはかることを構想したということです。

吉見　近代になってからの東京の都市計画を凌駕する見事な都市計画ですね。何よりも、江戸という都市全体が宗教空間的な秩序として見事にデザインされています。治水や五街道に加え、寛永寺、神田明神、日枝神社、増上寺の四つを考えると、江戸の背骨がいかに宗教的、また統治戦略的に組織されていたかがわかります。

平将門信仰と京都に対抗した東都のスタンス

清水　神田明神は京都の朝廷に対するアンチテーゼとして、逆賊とも言われた平将門公という武将を江戸の鬼門の守護神に祀り上げることによって、朝廷に対して非常に大きな宗教的なスタンスを持つことができたのではないでしょうか。寛永寺の一品親王を、いざという時には還俗させて、東都の天皇に代わる存在とすることが考えられていたことからもわかるように、江戸幕府は都市計画だけではなく、メンタリティーの部分でも、現世を超えた部分も含めて江戸を構想してきたと思います。

吉見　江戸における民衆の宗教性を考える上で、神田明神が朝廷の逆賊である平将門公を祭神として祀り、またそれが江戸の総鎮守になっていったということの意味は二つの面で大きいと思います。ひとつ目は、朝廷に対する逆賊を神として祀るという、信仰そのものが持つ意味です。もうひとつは、江戸という都市を政治的にポジショニングする上で、京都と距離を取る、信仰を利用した徳川家康のある種の狡猾さ、巧妙さです。

平将門信仰と神社、神道——民衆の思い

吉見　江戸時代にいたるまで、東国の地は辺境で

した。その時代から神田明神は存在していたこと、平将門公信仰、あるいは御霊信仰を担うようになったことに宗教的な意味があるように思います。人々は京都の朝廷という遠い権威の中心とは異なる信仰の対象を探し求め、疫病や災いを鎮める意味あいから将門公やさまざまな怨霊が神社に祀られていきます。ご祭神としての将門公は、神田明神だけではなく、首塚や築土神社など東国にいくつもあります。江戸時代以前の古代、中世において、将門公信仰とは何だったのでしょうか。

清水　まず神社、すなわち神道がどういった宗教であるのかということからご説明させていただきます。一般的には自然崇拝として川、山、滝といったものを崇拝する場が神社です。しかし、神社には、恨みを抱いて亡くなられた人間を神に祀る御霊信仰という信仰も強くあります。神田明神が祀っている平将門公もそうなのですが、菅原道真公や源義経公、ある意味で西郷隆盛公もそうです。圧倒的多数のサイレントな庶民たちの、権力に対する不平や不満に対するガス抜きとして、祟り神となった人間を祀る神社の信仰を、為政者や権力者はうまく使ってきたというか、大事にしてきたということではないでしょうか。

そういう流れの中で、平将門公を神にするにあたって、重要な役割を果たしたのが遊行という、一遍上人を開祖とする宗派の人々でした。もともと遊行は、いわゆる踊り念仏で、当時の戦乱の時代に、戦死者供養を積極的になされた宗派でした。遊行僧たちが平将門公の荒ぶる御霊を「蓮阿弥陀仏」と名付けて、仏として鎮めて、その後、神社の神として祀ったという流れがあります。かつては日輪寺というお寺が別当寺として神田明神にはあったのですが、江戸時代初期に神仏分離が行われて、別々の形になってしまいました。

正確に言うと、遊行僧が平将門公を神にしたわけではなく、吉田神道という神道を学んだ神田明神の芝崎神主が、将門公を神にして祀ったようです。同じように、徳川家康公を東照大権現という神に祀るときは、山王一実神道の思想を天海がうまく転用して徳川家康を神にしたのです。それぞれ方法論は多少違うのですが、いずれにせよ仏と神がうまく入れ替わりながら時の人心の安定をはかってきたということです。それは歴史なき庶民の思いというのか、サイレントマジョリティーの思いが形を変えて表出してきたと言えるのかもしれません。

吉見　鎌倉時代から室町時代にかけて、民衆的な世界が非常に勢いづいて、戦国時代までいきます。日本社会そのものが構造的に劇的に変わっていった時代です。特に南北朝時代に変化が激しいわけですけれども、この時代に、今にいたる神社の形、神仏習合のある形ができてきたというのがとても面白いですね。古代には、京都に歯向かった者はすべて敗れているわけですが、中世になると東国と京都の力関係が変わっていった。平将門や小栗判官といった東の方から出たヒーローたちが神にまで祭り上げられていく。そして、やがてその東国的な秩序が江戸の重要な宗教秩序の柱にまでなっていく。日本の歴史の中で、京都に対する東国という秩序が別にあって、そこでは宗教が、京都を中心に考えるときとは違う意味を持っていたのではないでしょうか。神田明神は、その東国的な宗教秩序の中で重要な役割を果たしている気がします。神田明神は東国の神社ですよね。

清水　そうですね。東国の神社といっても、代表的なものとしては、鹿島神宮や香取神宮という古代大和朝廷の東国での前進基地としての神社があり、また、出雲系では大宮にある氷川神社があります。しかし、こうした出雲系もしくは大和朝廷系といった歴史を秘めた神社だけでなく、東国の人々の敗者としてアンダーグラウンドに埋もれてきた歴史や思いを、神田明神はしっかりと残し伝えているのです。

神社の役割、庶民のガス抜きとしての祭り

吉見　信仰心がそれほど篤くなくても、人々は初詣に神社に行きますし、七五三や結婚式を神社で行う人もいます。つまり、普通の庶民の中には、よくわからないけれども神社へ行くといった、体系化されたものではない信仰心がある。これは、いったい何なのでしょうか。

清水　たとえば初詣は、戦後にできたムーブメントだといわれています。江戸時代の人は初詣には行っていません。上野からは京成電鉄で成田山へ、川崎大師へは京急電鉄でといったように、鉄道会社が近郊の寺社と東京の中心を結ぶことによって、正月の初詣が盛んに行われるようになったそうです。日本人のアイデンティティの深層には、神や仏に対する根源的な思いが残っているのですが、現在の世俗的宗教行事は新しく作られたものがほとんどです。

吉見　初詣は、近代の発明品なのですね。しかし、その一方で、神田明神の神田祭、これは江戸最大の祭りでした。今でも全国で、ものすごい数のお祭りが行われていますし、むしろ活性化している感じがします。祭りは、地域に深く根付いていますし、祭りと神社は深く結びついていますね。神社がなければ、本来の意味での祭りはできない。人々の身体文化の中に神社は深く入っているわけです。こういった文化は何なのでしょうか。

清水　私見ですが、神仏を巧みに使い分けてきた

日本人の、宗教に対する合理的な使い分けの結果として、神社は、祭りを通して人々の信仰を保ってきたのではないかと思います。

神田明神の場合、江戸の支配者である徳川家との関係はもちろんありましたが、それ以上に、庶民の祭りを担う役割が非常に強かったのです。為政者である徳川政権が庶民の心を巧みに治めるための施策として、祭りを徳川家の威光を示す「天下祭」に育てると同時に、徳川家や封建制度に対する庶民の反発を、祭りのガス抜き効果で緩和するという、二つの相反する役割をうまく組み合わせながら、神田祭の文化を作ってきたと言えます。

神社文化の身体性

吉見　祭りにおいて、たとえば山車や神輿は重要ですね。それから、神社の鳥居や参道も重要です。神田明神だと神田囃子や木遣りなど、歌や囃子、太鼓、そして山車の練り歩くルートもなくてはなりません。何が言いたいかというと、お寺の経典にあたるものが、神社においてはむしろ身体化された動きであり、鳥居や山車といった空間化された物質化されている文化であり、こうしたものが日本の神社の伝統を作ってきたような気がします。文字で書かれていなくても、動きや所作として体にしみついているもの、遺跡や建物などに表象化、空間化、風景化されているものがあって、神社の本質は、むしろそちらにあるのではないかと思います。

清水　まさにそうです。神社は論理的思考よりフィジカルな型を重要視してきました。神輿や山車といったお祭りの躍動感、生命力のパッションを、あえて理論化体系化せずに、身体感覚を大事にしながら五感を超えた何かを求める信仰文化を作ってきました。
神道はコミュニティに共通するイメージを、身体的な感覚、儀礼動作などに落とし込むといった性格が非常に顕著な宗教です。経典といったロゴス的な部分をあまり意識せず、もっぱらフィジカルな型を第一義にして宗教的な活動や儀礼が継承されてきています。

苦難の歴史——明治維新以後

吉見 近代の話を少ししておきませんか。寛永寺と同様、神田明神も明治維新から戦後のある時期までは、一番苦しい時代だったのではないでしょうか。神田明神は、江戸幕府の中ではかなり優遇され、利益を受けていた神社でした。その分、明治政府にとっては、邪魔な存在というか、周縁化していくべき存在だったのではないかと察します。

神田明神は江戸時代には江戸の総鎮守、きわめて高い地位の神社だったわけですが、明治以降の社格としては「府社」になり、かなり格下げされました。そして、国からはあまり支援も得られなかったのではないかと思います。厳しい時代をどのように生き延びられたのでしょうか。

清水 神田明神は、江戸時代には朱印地という収益を得る所領地があり、徳川家からの下賜金もありました。しかし境内の広さは変わっていません。むしろ、江戸っ子の氏神様として、庶民の力で支えられてきました。明治になりますと、神社はランキングされるようになりました。官幣大社を筆頭に、官幣中社、官幣小社、国幣大社、国幣中社、国幣小社、そのさらに下が府県社となります。神田明神は府社に指定されました。平将門公を祀っているがゆえに、薩長政権からすると当然けしからん神社だったわけです。明治政権下は苦衷の時代でした。神社の周縁にあった社家は維持ができなくなり、廃絶して屋敷を売り払ってしまい、神社は本体の境内地しか残りませんでした。

ちなみに、裏鬼門の日枝神社は、もともとは江戸城の中にあった神社で、皇城之鎮ということで官幣大社になりました。徳川家所縁の神社が、みごとに皇居の氏神様に転化しました。

吉見 氏子がなんとか支えてくれて、明治大正昭和を生き延びたということですね。ご祭神である平将門公は逆賊ですから、明治国家にとっては非常にけしからん人物なわけで、ご祭神に祀り続けるのも禁止されます。生き延びていくには致し方ないけれど、伝統ある神田明神として耐え難い、忍び難いことですよね。

清水 当時の庶民は、将門公を関東の英雄として見ていましたから、将門公が祭神から外された時は、神田明神に賽銭を投じるのを潔しとしない風潮が起きたほど、厳しい時代が戦後まで続きました。そんな風向きを変えたのがＮＨＫ大河ドラマシリーズの加藤剛さんが平将門公を演じた『風と雲と虹と』です。平将門公は、関東独立の夢を果たさんとした義侠の人、ヒーローとしてさわやかに描かれました。そういう人物像として描かれることによって、将門公および神田明神に対する負のイメージが払拭され、一九八四（昭和五九）年、将門公は本社祭神に復帰します。かつて神社仏閣は権力者の庇護で成り立ってきた歴史がありましたが、神田明神は徳川家の庇護の後は、庶民の力に支えられ維持されてきました。このように大河ドラマをはじめ、テレビドラマの銭形平次、さらにはアニメなどの各種メディアと結びついて神田明神の新しいイメージが拡散してきました。また少子高齢化やドーナツ化現象によって氏子人口が減少すると、今度は企業の参拝を積極的に受け入れて、企業に支えられるようになります。常に新しい時代に順応することで、現代社会の中で神田明神は生き残ることができたように思います。

関東大震災後の社殿の復活

吉見　明治大正期は氏子に支えられたとのことですが、関東大震災では神田明神の社殿が全部焼けてしまいます。その後、大江新太郎や伊東忠太が設計して、鉄筋の社殿を立て直すことになりますが、この復活というのも氏子による支えが大きかったのでしょうか。

清水　そうですね。渋沢栄一の娘婿で大蔵大臣や東京市長を務めた阪谷芳郎氏が尽力されて、財界や氏子の力を得て、社殿を再建することができたと聞いております。当時は二度と燃えない社殿を作りたいという氏子の思いもあったようです。ですから神田明神の再建は、伊東忠太の監修を受けて、大江新太郎が設計をして日本ではじめて神社を鉄骨鉄筋コンクリートで作るという偉業が成し遂げられました。神社は木造であり、そこに神霊が宿るという当時の常識において、大江新太郎は無機質な鉄筋コンクリートという素材で神殿を作り、そこに神霊を鎮めるという、まったく新しい文化を神社界に提唱しました。今では大きな神社建築に、鉄筋コンクリートの構造体が採用されることは当たり前になっています。

当時は反対も多かったようですが、国学者の平田篤胤の曾孫にあたる平田盛胤という当時の宮司が最終的に決断しました。その前の宮司はやはり国学者の本居宣長の曾孫にあたる本居豊穎という方でした。神田明神には国学者が歴代宮司として送り込まれていたのです。そういった方々の指導と先見の明によって神田明神の生き残るべき施策がしっかり作られ、新しい形で神社が蘇って今に至っていると思います。

神田祭の復活

吉見　そのとき鉄筋にしておいたから、神田明神は第二次世界大戦の空襲では焼けずに守られたのですね。木造のままだったら、空襲でまたきっと全焼していたでしょう。それと、震災後の神田明神再建で、神田祭が果たした役割が大きかったそうですが、神田祭と神田明神再建はどのように関係していたのですか。

清水　明治時代以降は、徳川幕府が滅び、徳川家の下賜金をもって権威づけされてきた神田祭の文化は廃れ、「天下祭」というブランドは失われて、かえって明治政府の規制の対象になりました。江戸時代の「天下祭」は、大きな山車を中心とした祭礼だったのですが、当時、町には電線が引かれていきました。高さが五〜六メートルもある山車は、電線をくぐることができず、熱狂的な祭り好きの町人は電線を切って山車を通行させたりしました。もちろん違法行為で捕まってしまうのですが、そういう人々もいたほどです。最盛期には四五台連なっていた山車行列は、結局廃絶してしまいました。山車は地方都市へ売却され、青梅や栃木などに昔の山車が今でも残っています。さらに、日清・日露戦争や第一次世界大戦といった時代の中で神田祭はどんどん衰退をしていきました。

しかし、庶民の神田祭に対する情熱は失われずに、新たに神輿を中心とした祭礼文化がつくられていきました。江戸時代まで、神田祭には神輿は二基しかなかったのですが、大正時代以降は町会ごとに神輿を作り、今では二〇〇基近くの神輿が神田祭では担がれます。かつての山車を中心とした祭りから、大正、昭和以降に神輿を中心とする祭りに姿が変わっていったのです。戦後、高度経済成長とともにお祭りブームがおきて、今の神田っ子のイメージであるお神輿を中心とした祭りが新たな文化として定着したのです。今のわれわれが思い描く神田祭のイメージは、戦後の高度経済成長期以降のお祭りの姿なのです。

これからの神田明神――サブカルチャー、国際性、文化活動

吉見　今、神田明神は秋葉原カルチャーというか、「ラブライブ」などのマンガ、アニメ、ゲームといったサブカルチャーを取り込んで大成功されています。新しい神社のかたちの模索でもあると思います。神社が歴史的に、身体性やイメージといったものと深いつながりを持ってきたという特徴と、今のアニメやゲームなど新しいメディアカルチャーとの相性は、わりとよいような気がしますが、いかがでしょうか。

お話をうかがった清水祥彦さん

清水　とにかく神道そのものが基本的には原理主義的な文化ではないので、常に柔軟に変革を重ねてきました。神田明神では、地元を舞台とした銭形平次、ラブライブ、ＡＫＢといったいろいろなサブカルチャーを、柔軟に取り込んできました。今後は、外国人との交流を神社で行い、多様性と寛容性ある日本の文化の根源としての神社を世界の人々に知っていただきたいと思っています。柔軟に変革を繰り返しつつ、次の時代の神社とは何かということを模索していきたいと思います。

吉見　神田明神は、今の信仰の最先端をいってら

っしゃいますね。他方、日本の宗教の歴史の中で、特に神道と仏教においては、やはり神仏習合がとても重要です。二一世紀の宗教の未来に向けた、神の世界と仏の世界、あるいは身体的な文化の世界と言葉で信仰を紡ぐ世界、このつながりについて、神社側としてはどういったビジョンを描かれているのでしょうか。

清水　ある意味で、私どもは宗教の限界性というものを非常に意識しております。現代社会において、宗教は税制面では優遇されていますが、ある意味、疎外されていると感じています。そういった中で、神社はさまざまな文化を中心とした活動を積極的に営んでいきたいと考えています。

もちろん、大事にしていかなければならない神社のコアの部分は変えずに残すのですが、柔軟に多様性に富んだ神社として新しい時代に向けて活動し、時代とともに変化していこうと考えています。これまでの歴代宮司の思いを守りつつ新しい時代にどう対応していくかということを、今模索している状態です。

吉見　楽しみですね。神田明神にはどんどん最先端を走っていただきたいです。ありがとうございました。

社寺会堂の現在・過去・未来――
6施設へのインタビュー②

湯島聖堂

〒113-0034 東京都文京区湯島1-4-25
TEL 03-3251-4606

湯島聖堂は、儒学の振興を図るため、徳川五代将軍綱吉により一六九〇年に創建された。一七九七年に江戸幕府直轄学校として昌平坂学問所が開設され、全国の藩校の中心となった。明治維新後は、新政府により、のちに文部省、大学（東京大学、お茶の水女子大学、筑波大学）、図書館、博物館になっていく機関が設置された。現在では孔子祭をはじめ伝統行事を伝えているほか、中国古典を中心とする文化講座が開かれている。

平正路（湯島聖堂斯文会事務局長）
×
宮本英尚（湯島聖堂斯文会常務理事）
×
中島隆博

歴史的な由来

中島隆博　湯島聖堂は御茶ノ水の駅から聖橋を渡ったところにありますすね。聖橋という名前は古くからあるものなのでしょうか。

平正路　昭和の三年からですね。聖堂とニコライ堂を結ぶという意味で、聖橋です。その横の道は昔はなくて、東京医科歯科大学と今の湯島聖堂は一帯の土地だったわけです。当時は一万二〇〇〇坪くらいありました。今は四六〇〇坪ですので、聖堂の土地は半分になってしまいました。別の半分は、東京医科歯科大学ができるときに国に接収されました。昌平坂学問所は、今の道の上の辺にあって、校舎は医科歯科大の横側にありました。

中島　少し歴史的な由来もうかがえたらと思います。昌平坂学問所は日本での儒学、教育研究の中心として作られたわけです。簡単に由来・歴史をお話しいただけますか。

平　五代将軍の綱吉が儒学の振興を図るため、特に孔子を祀らないといけないと思ったのが最初です。綱吉の前の代から上野で林羅山が私塾を開いていましたが、そこを将軍がたびたび訪問していたようです。しかし、将軍は幕府主導による新しい聖堂を湯島に設置することにしました。一六九〇年、今から三三〇年前のことです。それが発端ですね。

当初、武士の子弟等に儒学を教えていました。

その一〇〇年後の一七九七年に、幕府の直轄学校である昌平坂学問所ができたということです。みなさんには社会科で習う昌平坂学問所の方がぴんとくると思います。

中島　綱吉が聖堂を作ったのは一七世紀の末で、昌平坂学問所は一八世紀末で、寛政の改革と連動しています。昌平坂学問所が林家から切り離されて、公式の学校になったのはそのためですね。こちらはよく知られていると思うのですが、不思議なのは綱吉がなぜそれほどまでに孔子に興味を持ったのかという方です。面白いと思うのですが、日本では、孔子や『論語』の本を書くと大変よく売れます。儒学は孔子だけではないのですが、孔子にかなり特化しています。これはかなり独特といえば独特ではないでしょうか。

江戸時代ですので、朱子学がすでに知られていました。特に寛政の改革になりますと朱子学を前面に出していくわけですよね。そうしますと、必ずしも孔子一尊である必要はないと思うのですが、綱吉にはすでに孔子への思い入れがあったということです。

そして一八世紀末に昌平坂学問所を設立しますと、その後全国的に一種の儒学ブームが起きたようですね。

儒学ブームと藩校の拡大、現在の藩校サミット

平　全国から学問所に学びに来て、その各藩の秀才や旗本の子弟が地元に戻って藩校を作っていったのです。今では考えられないかもしれませんが、当時は二七〇もの藩校があったそうです。

中島　ある統計（東京新聞、二〇〇九年九月二〇日、大図解）を見ましたら、一八世紀末から藩校とか寺子屋が爆発的に増えていきます。全国に儒

学ブームが起きて、その中心に昌平坂学問所があったということですね。

平　そうですね。今もその名残で各藩には藩校の名前が残っていますね。福岡の修猷館高校や、水戸の弘道館などです。

中島　明治以降、かつての藩校が近代的な学校に変わっていくわけですけれども、いくつか重要なところは残ったということでしょうか。儒学は、一八世紀末から大変深く教育に関わっていて、一九世紀から二〇世紀半ばまでは大きな影響を与えていました。

平　藩校の当時の伝統的教えをもう一度勉強すべきではないかということで、現在藩校サミットを年一回実施しています。宮本英尚さんの担当です。それをサポートしているのが、漢字文化振興協会という斯文会の関連団体です。元日銀総裁の三重野康さんが最初の会長をされ、お亡くなりになった後は、石川忠久先生がおやりになって、去年一一月、水戸徳川家第一五代当主の徳川齊正さんが会長に就任されました。

宮本英尚　藩校サミットは、二〇一九年は、第一七回目が山口県の萩で開催され、八〇〇人くらい集まりました。今年（二〇二〇年）は一一月に栃木県の壬生町で開催されます。その翌年は福山の誠之館です。第二〇回目の開催地については、第一回目を湯島聖堂でやりましたので、もう一度と思っています。これには文京区が関心を持ってくださっています。（しかしコロナの影響で、今年の壬生町開催から、一年ずつ順延となりました。）

第一回目には、徳川宗家第一八代当主徳川恒孝さん、水戸徳川家の方々など、昔の藩主の皆様にもおいでいただきました。また、藩校の関係者といいますか、末裔の方も来てくださり、年々盛んになってきています。

中島　サミットではどういった議論をされているのですか。

宮本　昔の藩校教育が人づくりに役立っていたということを現代に活かして、有為な人材育成に繋げていこうという企画をしています。たとえば、私どもの漢字文化振興協会で、漢詩文、藩校編、寺子屋編ということで、検定試験を実施しているのもその一環です。昔の人づくりに役立っていたものを現在でも少し学んでいただければありがたいと思って実施しています。

中島　確かに一八世紀末に儒学ブームが起きて、各地で人材が育っていきました。それがなければ、一九世紀の日本の近代化はあのような形で展開しなかったかもしれません。育てられた人材が歴史的に見ても非常に重要な役割を果たしたと思います。

明治維新後に近代化していく過程で、藩校のいくつかは近代的な学校に変わっていくわけですが、近代的な教育は、一八世紀から一九世紀前半までの教育とは様相が違ってきます。それを受けて、一九世紀半ば以降、湯島聖堂自体はどのように変化していったのでしょうか。

学問所の廃止と、儒学教育の再編

平　それを考えるためにも、近代の教育機関、たとえば今の筑波大学のもとやお茶の水女子大学のもと、そして東京大学の事務局も湯島聖堂内にあったことを指摘したいと思います。

宮本　いわば近代教育の中心になっていろいろ発展させていった礎だったのですね。

平　国立国会図書館も大成殿にありましたし、東京国立博物館もそこにありました。ずばり学問ではないとしても、学問の周辺の制度にも利用されていたということです。

中島　学問所自体は明治になって廃止されたのですね。

平　そうです。大学校になったというわけです。

中島　その場所に、近代的な教育をいきなりかぶせていったわけですが、その中で、儒学教育はどう変わっていったのでしょうか。

平　しばらくの間は、いわゆる四書五経を中心に教え続けていたと思います。

中島　これはあまり知られていないのか、あるいはわたしたちがきちんと体系化していなかったのかわからないのですが、明治は、一方でヨーロッパの近代的な学問とその制度に追いつけ追いこせと努力したのですが、他方で大規模に儒学化を推し進めた時代です。日本で儒学教育が津々浦々まで浸透していったのは実は明治になってからだと言われています。

これは非常に面白い現象で、学問所自体が近代的なものに置き換わる中で、儒学教育も大きな再編が行われて、いわば近代的な儒学や儒教が日本で作られていったわけです。つまりそれは朱子学をただ教えるとか、あるいは『論語』をただ教えるとかにとどまらないで、近代的な新しい儒学の考え方を発明していったのです。それが、近代的な新しい人材養成の礎のひとつになっていきました。

もちろんこれは戦前の話ですから、戦後になるとまさにそうした近代的な儒学教育というものが否定されていくわけです。

非常に過激化した軍国主義が二〇世紀の半ば、一九三〇年代くらいから登場して、国内外で不幸な結果を招きました。その一端が日本の教育制度にあったということで、戦後になるとそれを見直す機運が高まり、儒学教育をし続けるのがなかなか難しくなったということです。

釋奠、中国の祭りを日本式に

中島　湯島聖堂自体に話を戻すと、孔子をお祀りする釋奠《せきてん》というお祭りをやっていらっしゃいますね。今は四月の第四日曜日ですが、なぜ四月にされているのでしょうか。もともとは春と秋の二回だったようで、今の中国では大体九月ですよね。

平　孔子は誕生日が九月といわれ、秋にやっているところもありますね。そのあたりはよくわからないのですけれど。四月と九月の両方にやっているところもあります。

孔子像

中島　湯島聖堂は明治になって、学問所自体がなくなると同時に釋奠もやらなくなりました。その後、いつ頃再開されたのでしょうか。

平　一〇〇年以上前、一八八〇（明治一三）年に、斯文学会、簡単にいうと勉強会ですね、それを岩倉具視や谷干城らがつくったのですが、そういった人たちと当時聖堂を管理していた東京高等師範学校の加納治五郎先生を中心とする孔子祭典会によって一九〇七（明治四〇）年に再開しました。その後、一九一八（大正七）年に斯文会が前身の斯文学会を解散して財団法人となります。これを機に釋奠も斯文会が継承することとなり、一九二〇（大正九）年を第一回として仕切り直し、現在まで続いています。

中島　たしか斯文会になる前に、いくつか団体がありましたね。

平　そうです。斯文学会、孔子祭典会その他の漢学関係団体といったものを統合しました。

中島　斯文というのはなかなか今の若い人には馴染みがない言葉だと思うのですが、『論語』の中に出てきます。斯文の「斯」というのは、「これ」という意味ですよね。「文」というのも、これも訳しにくい言葉ですが、文化という意味でもありますね。まさに、文化文明を象徴する言葉で、それを名前にとったのが斯文会であるということでしょうか。

平　余談になりますが、電話で斯文会ってどういう字ですかって聞かれて困ることもあります。

中島　確かに、この斯という字がなかなかわかりにくいですよね。私がハーバード大学にいたときに、ピーター・ボル先生が斯文を英語で This Culture of Ours と訳されていて、なるほどそういう訳もあるのかと思いました。「我々のこの文化」という意味ですが、文化一般ではなくて、まさに何か具体的な文化を示しているというわけです。そういう翻訳をなさっていたことを思い出しました。

　さて、釋奠が復活したわけですが、今に至るまでかなり長い間、神田明神の方々が釋奠の儀礼をなさっていますよね。

平　私どもは宗教施設ではないので、いわゆるお祓いを神田明神さんにお願いしているわけです。

中島　前に行ったときには大きな鯉がありました。中国の釋奠に鯉はなく、牛や羊など動物が生贄ですよね。

平　東京で鯉はほとんど買えなくなりましたし、殺生はよくないとのことで、東日本大震災の後からは写真パネルに代えています。

　ちなみに、孔子祭（釋奠）の他にも、伝統行事として、鍼灸祭、先儒祭、神農祭があります。鍼灸祭には、中国医学系の方、鍼灸を勉強されている方がかなりいらっしゃいます。神農祭というのは、中国の、新薬とか農機具とかを考えた人である神農様を顕彰するお祭りです。神農様を祀った神農廟というのがありまして、江戸時代に徳川家から聖堂にきました。一年に一回、一一月二三日にのみ公開しています。漢方関係の研究をされている方、製薬関係の方が多く集まります。漢方も最近流行っていますね。

幕府にとって「取り扱い注意」だった儒学

中島　釋奠において、中国的な儒教儀礼をなさった時期も少しはあるのではないでしょうか。釋奠が復活した直後はたしか中国的な儀礼をやっていたように聞いたことがあります。

平　それはだいぶ前ですね。元禄時代にはいろいろな生肉、鯛と鶴があったりとか……。

中島　そうですよね。それに関する資料はないのでしょうか。

平　儒学者が書いたものとしては、『学問所日記』というものがありますが。

中島　以前に井上哲次郎の何かの文章を読んだことがあり、ある時期に中国的な儀礼をやっていたことがあったが、それをやめて、神田明神さんにお願いして神道式の儀礼に代えたと書いてありました。さて、それはどういうことなのだろうかと常々不思議に思っていました。なぜかというと、そもそも江戸幕府や明治日本にとって儒学はかなり複雑な対象だったと思うからです。

たとえば、政治の正統性がこの問題に絡んできます。水戸学、なかでも後期水戸学のように、かなり真面目に儒学に向かい合いますと、日本の政治の正統性の根拠を天皇に求めることになり、尊王攘夷にまでつながっていってしまいます。それでは、将軍の位置は大変不安定になる危険に陥るわけです。

ということは、儒学を全体としてまるごと受け入れてはならないはずです。一方で、教育や人材養成に役立つ限りでは儒学を受け入れたいのでしょうが、儀礼まで受け入れると、その主体は誰なのかから始まって、複雑な問題に踏み入ってしまうのです。ですから、なるべく中国的な儀礼を入れない形でという配慮が働いたのではないかと思ったわけです。

ところが一八世紀末の寛政の改革の頃はそうも言っていられなくなって、人材育成が急務になりましたので、大々的に儒学を導入することになりました。明治維新でも、さらに人材が必要になりましたので、近代的な儒学を構築しようとしたのですが、その際に中国的な儀礼では説明がつきづらかったのかもしれません。

建物の特徴と沿革

中島 時代を下って、関東大震災（一九二三年、大正一二年）のときにずいぶん被害を受けられましたね。

平 大被害を受けて建物の大半が焼失しました。残ったのは入徳門、水屋の二か所だけです。この二つは三〇〇年を超えています。再建されたのが一九三五（昭和一〇）年ですので、再建まで一二、三年かかったわけです。斯文会の方々が中心になって、渋沢栄一さんとかが非常に力を尽くされ、寄付集めに奔走しました。財界だけでできないこともなかったのでしょうが、広く全国の学校等に寄付を募ったのです。

中島　それで集まった寄付をもとに、伊東忠太による建築作品ができたわけですね。

平　はい。耐震性に優れたものでして、それを実感したのが、三・一一のときです。棚の物が何ひとつ落ちなかったのです。私どもは表に出たのですが、あの建物は中にいた方が安全かもしれません。大成殿、斯文会館はすごく頑丈な建物だと思いました。

中島　特徴のある建物ですよね。黒い色がまず目を引きます。それにはどういう意味があるのでしょうか。五行では黒は水です。火を寄せないということかとも思うのですが。

平　現在の型になった寛政一一年の新廟より黒色になりました。残念なことに、現在は鉄筋コンクリートになってしまいましたが。

中島　屋根にも伊東忠太らしい飾りがありますね。

平　火よけ、魔よけで、水神様です。

中島　再建された後には、どういうことがあったのでしょうか。

平　斯文会を中心とする聖堂復興期成会を立ち上げ、この会が聖堂を再建し、国に献納し、国から管理を聖堂に委託されました。聖堂を保存・管理するために法人化しました。大正七年、一九一八年に公益財団として法人格を持ちました。一昨年、公益財団創設一〇〇年ということで、百年式典を開催しました。公益財団一〇〇年というのは少ないですね。今年で一〇二年ですか、法人格を持って管理に当たってきたということです。

戦後における湯島聖堂の位置――『論語』教育の拠点

中島　戦後はどういう風に変化していったのでしょうか。

平　戦後、おかげさまで第二次世界大戦の被害は免れましたので、斯文学会が明治の頃からやっていた儒学関係の教育に力を入れようと、講座での勉強会等を中心に行っています。また孔子祭や秋に行う儒学者を祀る先儒祭といった伝統行事を重んじ、今も引き継いでいます。当時講座は数講座しかなかったのですが、今は六三講座にまで広がって、延べ一五〇〇名ほどの方が勉強しに来られています。一人で二〜三講座とっている方もいらっしゃいます。やはり、漢詩とか漢文の勉強をしないと、源氏物語など日本の古いものも読めませんので。漢詩は見ただけでなんとなく意味がわかるという利点もありますし、『論語』はいろいろな教育に役立つということで、『論語』の受講者は非常に多いです。

中島　やはり『論語』ですね。この論語好きはいったい何なのでしょうか。

平　過去の教育の影響ですかね。我々もそうですけど、四文字熟語など『論語』の言葉って自然に使っていますよね。『論語』の言葉と知らずに世の中に広まっています。話は飛びますが、来年でしたか、ＮＨＫの大河ドラマで「論語と算盤」をやるので、また論語ブームが来るかもしれません。

中島　渋沢栄一の『論語と算盤』がずっとベストセラーであり続けているわけですよね。そのもとになったのが三島中洲の「道徳経済合一論」、そのまたさらにもとになったのが、もしかしたら中江兆民ではないかと最近言われています。

湯島聖堂と斯文会の中心的なメンバーは二松学舎の方が多いですよね。

平　ええ、二松学舎さんにいろいろご協力いただいております。

中島　二松学舎というのは実はさっき申し上げた三島中洲が作った学校です。三島中洲はボワソナードのところで働いていましたから、法律のわかる官僚が必要だったわけです。その養成のために儒学を必要としましたから、二松学舎は儒学教育を熱心にやっていたわけです。中江兆民というのは当時のフランス派の一人でありまして、彼自身も二松学舎で学んでいますし、夏目漱石もそうですね。

お話をうかがった平正路さんと宮本英尚さん

そういった戦前の日本の知のあり方から見ますと、湯島聖堂はひとつの集約点だったわけです。ただ、戦後になったときに、儒学教育に対する批判が出てきまして、日本の学校教育から外されていきます。とくに、修身のような教科から外されていきましたし、国語からも消えていったと思います。わずかに残っているのは漢文ですか。

平　漢文をふくめた「伝統的な言語文化」の学習を二〇一一年から、小学校の五、六年生からやるようになりました。

中島　これも日本の近代以降の永遠の課題ですけれども、西洋化していくものと、伝統的なもののバランスをどうとるかというのがいつも難しいわけです。そんな中で延べ一五〇〇人が参加される講座を維持しているのは、大変なことですね。

平　漢詩をやる方がけっこう多いです。

中島　漢詩はやはり石川忠久先生の影響ですかね。漢詩を読むというのは案外難しいですよね。

平　でも、読むのを通りこして今は作る講座がいっぱいあるのです。教える人が少ないというのもあるのですけれど。

これからの湯島聖堂

中島 今まで由来、歴史をうかがってまいりました。最後に、将来的な展望をうかがえたらと思います。これからの湯島聖堂はどうなっていくとよいとお考えですか。

平 まず伝統的な行事をなくさないように続けて、人にできるだけ来ていただくことですね。それから、漢詩漢文の教育をもう少し広めていこうと思っています。廃れては困るので力を入れていきたいと思います。

もうひとつ私が大事だと思うのは、都心にある貴重な緑ですね。大きい木が一五〇本ほどありますし、小さい木を入れれば何百本になります。竹だけでも二〇〇〇本以上ありますので、緑を保存していくことも重要な役割だと思います。放っておいたら、虫に食われるなど枯れてしまうかもしれませんが、これを守っていくのも非常に重要ではないかなと思っております。

それともうひとつは、今の講座を受けている方が少し高齢でいらっしゃることですね。会社をリタイアされて勉強される方が非常に多いのですが、会社の定年が伸びたことが、受講者の伸びないひとつの理由になっているのかなと考えています。最近は六五歳が定年、会社によっては七〇歳までというところもでてきていますからね。若い人や主婦の方にもう少し教育を広めないといけないと思っています。細かいことになるのですが、講座の日程調整も、なかなか難しいものがあります。午前中に設定すると主婦の方はまず来られないので、どうしても一時から三時の間に集中してしまいます。

中島 いろいろとご苦労がおありだということがよくわかりました。それでも、緑も含めて、都心の中での別の時空間を湯島聖堂が示していることは大変に重要なことだと思います。本日は貴重なお話し、まことにありがとうございました。

社寺会堂の現在・過去・未来――
6施設へのインタビュー③

東京復活大聖堂教会

〒101-0062 東京都千代田区神田駿河台4-1-3
TEL 03-3295-6879

「ニコライ堂」の名で知られる東京復活大聖堂教会は、ロシアからの寄付金と日本人信徒の献金で、大聖堂の建築費が集められ、一八九一年に主イイスス・ハリストス（イエス・キリスト）の復活を記憶する「復活大聖堂」として完成した。一九二三年、関東大震災で大聖堂のドームと鐘楼が崩落したが、一九二九年に再建。日本では有数のビザンチン様式の建築である。日本の正教会信徒のよりどころとして正教の教えを現代に伝えている。

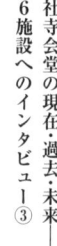

ミハイル対中秀行
（東京復活大聖堂教会主任司祭）
×
中島隆博

東京復活大聖堂教会が完成するまで

中島隆博　東京復活大聖堂教会の沿革と現在のあり方、そして、東京という場所にある意義をうかがいたいと思います。まずは、東京復活大聖堂教会の沿革について、対中さんの言葉でわかりやすく語っていただけますでしょうか。

ミハイル対中秀行　「ニコライ堂」は、ロシア人の宣教師で後に大主教となられたニコライ大主教に因んだ愛称名です。正式名である東京復活大聖堂教会は、その土地と祭日の名前です。イエス・キリストが復活をした復活祭に因んで、それを記念して建てております。建立されたのは一八九一（明治二四）年です。ロシア人のミハイル・シチュールポフが原設計をし、日本で設計事務所を開いていたジョサイア・コンドルが修正と現場監督をしました。

中島　斬新な建物だったのでしょうね。

対中　そうですね。平屋が当たり前であった当時の東京であのような大きさの建物が建ったことは非常に重大なことで、昭和三〇年代から四〇年代前半くらいまでは、いろいろな場所から見えたそうです。今でいうとスカイツリーのような存在だったのではないかと思います。

中島　完成した一八九一年当時は、在日、在東京のロシア人の方々が寄付をされたのですか。

対中　ロシアから相当資金は持ってきたようです。しかし、ニコライの志は、ロシア正教会の出先を作ることではなく、日本人のための正教会をつくることでした。これは正教の伝統ですが、母教会がエンジンをかけるけれども、あとは地元の人で行うようにということです。

ニコライは漢学者を用いて即座に聖書や祈祷書の翻訳をしました。このことは、ニコライの独特のアイデアですが、正教の伝統でもあったのです。キュリロスとメトディオスなどは、当時のビザンツ帝国からキエフ公国に伝道する時に、グラゴル文字を作りましたが、それがグルジア（現ジョージア）語になりました。

東方正教会には、行った先の土地の言語で祈祷をするという伝統があります。それがカトリックと違うところです。カトリックはずっとラテン語で祈祷をしていましたが、その反発からプロテスタントが生まれたとも言えます。プロテスタントができたことで、聖書をドイツ語で読めるようになったわけです。東方正教会において宗教改革の動きがなかった大きな理由のひとつは、現地の言葉を大事にして祈祷をしていたからということです。あとは、イコン（聖像画）です。正教はイコンを大事にしていました。昔の人は字が読めない場合もあったので、絵で示していたのです。聖書を本で読むという発想自体が中世ヨーロッパ以降の話です。

中島　創建当時の祈祷書の言葉は、実に格調の高い言葉で、それがまだ維持されているのですよね。最初に正教会ができた時には、日本人の中で中心になるような方がいたのですか。

対中　最初の信徒で、最初の司祭になったのが沢辺琢磨という人です。この人はもともと函館の神社の宮司で、坂本竜馬の従兄弟にあたる人です。ニコライが函館に来た時の立場は、ロシア領事館付きの司祭（ロシア領事館附属聖堂の管轄司祭）

でした。当時は禁教令が敷かれており、解かれるのを待ちながら日本語や日本文化を勉強し、日本伝道の準備をしておりました。しかし、当時は幕末であったために、沢辺琢磨が、よからぬ教えを伝えている者がいるとして、やっつけに行こうとしました。それに対してニコライが、「あなた方は、正教のことを知っているか」と尋ね、沢辺が「知らぬ」と答えると、ニコライは「相手のことをわからないのに相手を切り殺そうとするのか、まずわたしの話を聞いてから正邪を判断してみてはどうか」と言ったため、それならば聞いてみるかということになったそうです。それで、最初の信徒になり、日本人最初の司祭になりました。

ニコライは、日本の仏教や神道に一定の評価を与えていました。昔のカトリックの宣教師とは考え方が異なり、もともと存在する仏教や神道の伝統を認めながら正教会を持ち込もうとしたのです。日本では倫理観や道徳観がすでにできあがっていると考え、そこを否定しなかったのはニコライの立派なところです。

中島　沢辺さんはもともと山本さんですよね。土佐の潮江村ですから、わたしの実家の近くです。高校時代にはそのあたりに通っていました。沢辺さんは、高知の人らしく熱すぎたのですね。その方が中心になって最初の東京復活大聖堂のいろいろなことを組み立てていったということですか。

対中　実はそう簡単なことではなく、当初、沢辺琢磨はどちらかというと東京復活大聖堂を建てることに関しては反対の立場でした。ここ一か所だけに大きい聖堂を建てるのではなく、全国の教会にもっと資金を回したり、聖職者の生活のためにお金を充てたりすべきではないかと主張したのです。そのため、ニコライと一時期合わない時代がありました。

中島　そうすると、東京復活大聖堂はどなたが中心になって建立したのですか。

対中　ニコライが中心になって建立しました。ロシアから来た伝道資金を自分の采配で使っていました。もちろん日本人も協力し、当時は、司祭だけで四〇人、非聖職者の宣教師である伝教者が二〇〇人くらいの体制でやっていました。

日露戦争、ロシア革命の影響――厳しい歴史

中島　その後、正教は順調に広がっていったのでしょうか。日露戦争が一九〇四年、ロシア革命が一九一七年におきますね。

対中　日露戦争はやはり大きな試練でした。当時は、三万人を超える信徒がいました。有名な話ですが、日露戦争の際、ニコライは日本人聖職者や日本人信者に対しては、日本の勝利をお祈りしなさい、ただ、わたしはロシア人であって日本の勝利を祈ることはできないから、そこにはいません、という態度をとったそうです。

中島　非戦論にはいかなかったのですか。

対中　プロテスタントでは非戦論が結構あったので、今のプロテスタントにも非戦論を唱える牧師さんが多いと思います。しかし、正教はどちらかというと兵役自体を否定的に捉えていないのです。わたしがロシアの教会や修道院に行った時にも、軍人が祝福してほしい、祈ってほしいと挨拶をしに来ていました。

中島　日露戦争の時に内村鑑三が非戦論に傾いたことで、いろいろと議論になりました。正教は非戦論にはいかずに、日本人は日本が勝つようにお祈りしなさいということだったのですね。それほどの試練がありましたが、その後ロシア革命が起こりました。

対中　ロシア革命が起こると、伝道資金が来なくなってしまいました。そのため、伝教者をだいぶ解雇しなくてはいけない状況になりました。司祭は残したと思いますが、伝教者はだいぶ減らしました。

中島　では、正教会は縮小するしかなかったのですか。

対中　それが日露戦争に続くふたつ目の大きな試練で、正教が伸び悩んだ大きな出来事でした。ただ、正教が伸び悩んだ理由はそれだけではなく、病院や学校がなかったということも考えられます。

また、ロシアが日本人が望んだ西洋文明とは異なる国だったということもあります。イギリスやドイツ、ヨーロッパ各国と比べると、ロシアは明らかに違うということにインテリ層が気づいて、正教から離れたという話も聞いています。

そもそもカトリックのように、正教は植民地政策をとりませんでした。中国伝道、朝鮮伝道、日本伝道は純粋な宗教活動でした。正教の場合、知識を伝えるよりも、生き方を見せるという面が強いのです。非言語化されていることも多いです。

中島　ロシア革命の後、関東大震災でニコライ堂のドームが破壊されましたが、その後どのように再建されたのでしょうか。

対中　ニコライの跡を継いだセルギイというロシア人の府主教が日本全土の信徒を訪問し、再建のための募金を集めました。そして一九二九（昭和四）年にドームが再建され、現在の東京復活大聖堂の形になりました。このときのドームの設計は、岡田信一郎が行いました。

中島　岡田信一郎は東京大学の建築学科を出た人です。早稲田大学でも教職に就き、今和次郎などを育成した人ですね。

ロシア革命の後、ソ連は宗教を弾圧していきますが、その影響は受けなかったのですか。

対中　影響はありました。他の教派に比べると、信者も自分が正教の信者であることを言わない傾向がありました。

戦後、ロシアとアメリカの関係のはざまで

中島　戦後も状況は変わらなかったのでしょうか。

対中　そうですね。第二次世界大戦中も大変で、他のキリスト教も敵国の宗教という扱いをおそらく受けたと思いますが、戦後も反ロシア、反ソ連といった感情は大いにあったと思います。

さらに追い打ちをかけたのが、当時の日本の宗教団体法（一九四〇年施行。現在の宗教法人法）です。それが外国人聖職者を教会の統治者にすることを禁じたため、セルギイ府主教を引退させる形になってしまいました。主教を守れなかったことは、時節柄とはいえ教会としてはよくないことでした。

当時は、教会に軍部が入り込み様々な指示を出していました。その際に、陸軍でロシア語を教えていた信者が教会との間を取り持って仕切っていたのですが、そのことも混乱の原因になりました。日本人の主教を立てる際も、誰を主教にするかで教会内部が二派に分かれる状態に陥ってしまい、揉めているうちに終戦を迎えました。

終戦を迎えると、GHQによってロシアから主教を迎えることが禁止されます。アメリカではロシア系よりもギリシア系の正教会の方が多いですが、ロシア系正教会もあります。そのため、ロシア系で、アメリカ正教会（Orthodox Church in America）の前身である北米メトロポリアからアメリカ人主教を招聘することになりました。そうすると、日本の正教会は本来ロシアとつながって

いるべきであり、アメリカ人主教の受け入れは納得できないというグループが生まれました。北海道の一部や東京にそのようなグループが生まれ、現在も目黒にロシア正教会があるのはその名残りです。

中島　歴史と政治に翻弄されましたね。

対中　他の教派は戦後、欧米の支えもあって信者数が伸びていったと思いますが、正教は内紛と外部からの介入で弱体化していきました。

中島　そういった状況が戦後も長く続いたのですか。

対中　アメリカ人主教も尽力してくださったのですが、なかには短期間で帰られた方もいらっしゃったりして、主教が何度も変わりました。このような状態の中で、一九七〇（昭和四五）年にアメリカの正教会がロシア正教会から独立して「独立教会」となるのに伴い、日本正教会も、独立まではいかないにしても、自治を持つことになりました。

中島　日本の正教会が自治を持つということは、ロシアとの関係が徐々に薄くなってきたということですか。

対中　その逆です。モスクワ総主教の祝福を受け、正教会は日本人の主教を立ててロシア正教会の「自治教会」となったということで、戦後に、薄くなってきていたロシアとの関係を、どうにか少し近づけたということです。その状態は今でも続いています。

中島　ソ連が崩壊した後、ロシアの状況は変わりましたが、それとは何か関わりはありますか。

対中　日本の正教会とロシア正教会の繋がりは深くなりました。ロシア側からコンタクトを求めてくるようになったのです。しかし現在のところはロシア人主教が着任するということはありません。

ロシア正教会は、なるべく現地で活動しなさいというスタイルです。日本においても自分たちで主教を立てなさい、自分たちで活動しなさいということです。

中島　以前よりも現在の方がロシア正教会との関係が密になっているということですか。交流なども頻繁にされているのでしょうか。

対中　交流はあります。戦後から一九五〇（昭和四五）年までロシア正教会を離れてアメリカ正教会と関係を築いた時代はありますが、ロシア正教会のミッションにおいて、東京復活大聖堂は伝道が成功した象徴なのです。日本と同じくらいの教会がハルビン（中華人民共和国黒竜江省ハルビン市）にありますが、中国正教会は文化大革命などによって危機に陥ってしまいました。また、バルト三国はロシアとの関係が悪化しました。そういった背景から、ロシア正教会としては日本正教会との交流を継続したいという希望があると思います。

世界各地の正教会

中島　世界的に見ると、正教会が一番多い国はどこですか。

対中　一番大きいのはロシア正教会です。ロシア正教会に次いで大きいのはルーマニア正教会です。

ギリシア正教会は、同じ宗教ですが聖歌など祈祷のスタイルが少し違います。また、大変難しいことではありますが、現在はあまり関係がよくありません。二〇一八年にコンスタンチノープル総主教庁がウクライナ正教会のロシア正教会からの独立を承認したことを、ロシア正教会が憤っているためです。

中島　やはり政治に翻弄されてしまうのですね。

アジアにおいては、ロシア正教会とギリシア正教会の関係はいかがですか。

対中　以前、東京にギリシア系のミッションを作ろうといった動きはありました。

現在、韓国の正教会はギリシア正教会ですが、元々はロシア正教会でした。韓国正教会は一九〇〇年にロシア正教会が韓国に伝道しに来たことを起源としていますが、朝鮮戦争によって壊滅状態になった教会を再建したのが国連軍の従軍ギリシア人司祭でした。それを契機に韓国正教会はギリシア系に乗り換えたのです。

中島　日本とギリシア正教会とはどのような関係でしょうか。また、東京にギリシア正教会はありますか。

対中　日本の中にはギリシア系の正教会はありません。ギリシア人も東京復活大聖堂に来ます。

日本正教会はロシア正教会の自治教会という位置づけです。現在、目黒にはモスクワ総主教庁直属の教会であるロシア正教会があります。ニコライ大主教は、日本人による日本人のための教会をつくるためにここ駿河台に本拠地を定めました。グローバル化の進む現代においては、日本に住むすべての正教徒の祈りの場としての教会を目指しています。他には、国立市にルーマニア正教会があります。ルーマニア正教会は、在日ルーマニア人聖職者と信徒によって新たに出来たコミュニティーです。

信者のよりどころとして

中島　現在、対中さんのところにいる信者の方は何名くらいなのでしょうか。

対中　二〇〇〇人です。

中島　かなり多いですが、これから日本で正教会は広まっていきそうですか。

対中　それはわかりません。しかし、日露戦争やロシア革命、第二次世界大戦といった混乱の時期、またソ連の時代に比べると条件は非常によくなっています。信者は、日本人を除けばロシア人やルーマニア人、アメリカ人が多いです。また、ご両親のうちどちらかが日本人ではない方の心のよりどころになっているかと思います。

中島　今回の東京文化資源会議の社寺会堂研究会を通じて横のつながりも深まったかと思いますが、これまでも東京の中で他の社寺仏閣と一緒に何かをされるということはあったのですか。

対中　特になかったと思います。何代か前の信者は、神田などこの辺りに住んでいる方が多く、たとえば正教会から印刷を頼まれていた印刷所の方が入信した等の繋がりがありました。しかし、代が変わると千葉や埼玉などの郊外へ移転してしまい、電車で通ってくる方が圧倒的に多くなりました。地域と繋がりのある信者が少ないため、地域とはあまり繋がっていません。したがって、神社などとは違い、東京復活大聖堂が地域の中でどのようにあるべきかという点については議論がなかなか深まらないのです。

中島　歴史の中で日本の著名な方との交流はあったのですか。

対中　杉原千畝（聖名パウェル）です。リトアニアの領事館でユダヤ系を多く含んだ難民にビザを発行し救ったことで知られる元外交官ですね。満州で受洗しました。外務省退官後、旧ニコライ学院で教えていたこともあります。

ジョージアやブルガリアなど正教徒の多い国の力士が大きな祭りに来ることもあります。大相撲の神事は神事として行いますが、そこは心の中で切り替えていると思います。

他には、母親がロシア人のミュージシャン川村カオリ（命日にはファンの方がたくさん来られます）、女優の久慈あさみ（聖名ダリア、女優引退後、聖歌隊に所属していました）、元野球選手でダイエーの元監督の根本陸夫（聖名パウェル、ニコライ堂内の納骨堂に遺骨が安置されています）、世田谷美術館、東京YMCA野辺山青少年センター等を手掛けた建築家の内井昭蔵（聖名ガヴリイル）などです。

中島　神田明神はラブライブといったサブカルチャーの聖地になっていますが、東京復活大聖堂はカルチャー系との接点などはありますか。

お話をうかがったミハイル対中秀行さん

対中　昔はニコライ学院でロシア語を教えていましたが、現在は行っていません。二五年くらい前（一九九六年）に閉院しました。大学でロシア語を教えているところも少ないので、需要はあると思うのですが、諸般の事情でなかなか難しいです。

ニコライ堂の未来

中島　最後に、今後についてはどのようにお考えですか。

対中　宗教にはそれぞれの目的がありますが、正教会であればイエス・キリストの十字架上の死から復活を伝えるということです。正教で強調しているのは、弟子たちは神が人となった方と生活をしており、弟子たちはキリストの復活の証人であるということです。本来のあり方をコアとして失わないようにすることが重要であり、そこに付随して文化が生まれるのではないかと思います。戦時中や戦後の一時期に、正教会の本来のあり方が曖昧になってしまい、それが見失われてしまったために、教会内部で揉めたりしたのではないかと思うのです。

中島　状況も状況でしたから、みなさん翻弄されたのでしょうが、見失った部分もあったのでしょうか。

対中　そうですね。聖書の言葉や祈祷文に書かれていることをどれだけ自分たちが体現化できるかということです。

中島　東京復活大聖堂の中では、本来のあり方を一緒に勉強されたりしているのですか。たとえば、外の人が参加して一緒に勉強する機会などはあるのでしょうか。

対中　はい、聖書や正教について学びの場を設けています。教職者が曜日を決めて、伝道会という講義を行っています。講義に参加される方は、入信を希望される方や、代々の信者家庭に生まれたけれど最近は離れていたので勉強し直したいという方、国際結婚を機に勉強したいという日本人伴侶などがいます。

中島　本来のあり方に戻り、政治などに翻弄されないように活動していくことが、現在のお考えなのですね。歴史をうかがうと、相当苦労されたことがわかります。ありがとうございました。

湯島天満宮（湯島天神）

〒113-0034 東京都文京区湯島3-30-1
TEL 03-3836-0753

湯島天満宮は、四五八年の創建。学問の神様として広く知られる菅原道真公を祀っているため、受験シーズンは合格祈願に訪れる人々で賑わい、学業成就祈願の絵馬がずらりと並ぶ。古くより梅の名所としても知られ、また江戸幕府公認の富くじ（宝くじ）場でもあり、境内外とも江戸有数の盛り場として賑わっていた。

押見匡純（湯島天満宮権宮司）

×

中島隆博

古い創建――氏神様と菅原道真公の勧請

中島隆博　まず湯島天満宮の沿革からおうかがいします。ホームページで来歴を拝見しましたが、創建された時代はずいぶん古いのですね。

押見匡純　都内でもずいぶん古い神社だと思います。創建は一六〇〇年くらい前（四五八年）です。湯島天満宮は、この創建地をまったく動いておらず、地域の氏神様としてずっと祀られてきました。

中島　ホームページには、一三五五年に郷民たちが菅原道真の偉徳を慕って勧請したとありますが、どうして道真公だったのですか。

押見　もともとは、天之手力雄命《あめのたぢからをのみこと》という天の岩戸を押し開いた神様をお祀りしていました。東京では比較的珍しい神様です。神様には通称がありますが、天之手力雄命の別称は「戸隠様《とがくしさま》」です。つまり、長野の戸隠神社が本社になっています。湯島天満宮の神社の後ろに、摂社として戸隠神社がお祀りされています。創建当時の名称は「湯島神社」でしたが、その後、道真公の神霊を勧請したいという声が地元で起きました。詳細は残っていませんが、道真公は関東の人々からも慕われていたのだと思います。

全国で道真公をお祀りしている神社は約一万二〇〇〇社あるといわれています。ちなみに全国のご祭神としてお祀りされている神様の中では、三番目に多いといわれております。一番多いのはお稲荷さん（稲荷神社、約三万二〇〇〇社）で、会社や小さな村にお祀りされているものも含めて、全国にたくさんあります。その次が八幡さん（八幡神社、約一万八〇〇〇社）です。

道真公は大変優れた学者であり政治家でした。当時の学者の地位はそこまで高くありませんでしたが、藤原氏が実権を握っていた政治の世界において、学者としていろいろな手腕を発揮されていきました。遣唐使の実質的な廃止にも関わっています。しかし、宇多天皇から醍醐天皇へ御代替わりした後に情勢が変わり、左遷されます。

道真公は九〇三年に大宰府でお亡くなりになったのですが、華やかな京を離れて大宰府の地に行かれたのはその二年前でした。言われなき罪人として大宰府の地に行かれたため、決して満足のいく生活は送れていなかったのでしょう。

大宰府に着かれた際に、京の邸宅の梅の木が道真公を慕い、一夜にして大宰府まで飛んできたという飛梅伝説があります。また天拝山という山が近くにありますが、その山に登られ、七日七夜かけて自らの無実と皇室の安泰を祈念されたと言われています。今もその山の頂上付近は、太宰府天満宮の飛び境内地です。

道真公の死後、清涼殿に雷が落ちたり、流行病などで道真公を陥れた人々が次々に命を落としたりという災いが起こりました。これは道真公の御霊がなされたことではないかという噂が京で広がったのです。

中島　当時、宇多天皇が寛平の治といわれる統治を行っていて、道真を含む公卿や官人が政治改革に取り組んでいました。その背景には地方において従来の律令制が制度疲労を起こしており、安定した徴税ができなくなったことがあります。そこで受領制を導入して、地方のガバナンスを整備し、租税未納を減らしていったのです。最近の研究（森公章『天神様の正体――菅原道真の生涯』、吉川弘文館、二〇二〇年）では、こうした制度改革や税制改革において道真の果たした役割は、他の公卿や官人と比べて抜きんでたものではなかったと考えられていますが、政治改革のビジョンを共有していたことは確かです。

また、遣唐使の廃止に関しても、わたしたちが教科書で習ったのは、道真の奏状によって遣唐使が廃止されたということでしたが、こちらも最近の研究では、正式の廃止や停止はなされておらず、道真が左遷されたことや唐が滅びたために自然消滅したと考えられています。それでも、道真は遣唐使派遣に対しては、いくつかの懸念を奏状に記していて、当時の国際情勢を踏まえたビジョンを持っていたように思います。

このように、菅原道真は当時の文脈において、非常にビジョンを持っていた人でしたが、その後、政治的な争いに敗れてしまいました。これも諸説はありますが、宇多上皇と醍醐天皇の間が緊張していったことが影響しているといわれています。しかし、わたしが不思議なのは、そういう非常に開明的な人が、後に御霊信仰の対象となったのはなぜなのかということでした。何だかうまく道理に合わないと感じていたのです。

当時は、天災や疫病などの禍の原因を、政変の犠牲となって非業の死を遂げた人が怨霊となってもたらす祟りだとみなしていたのでしょう。その霊を神として祀り、怒りをなだめることができれば、逆に福徳を得られるとするのが、御霊信仰ですね。非業の死に追い込まれた者が、社会不安のなかで人々に支持され、天神として祀られ、さらに広く支持を得ていく。やがて体制側もその信仰の力をとりこんでいきます。中国にも非業の死を遂げた人が鬼神となって祟り、それを祀るという議論が以前からありましたから、日本だけではないのかもしれません。

押見　国宝に指定されている『北野天神縁起絵巻』の有名な場面に、菅原道真公が雷神として雷を落としている場面があります。「天つ神」と「天神」は漢字がまったく同じですが、平安中期以降「天神」と表す場合は菅原道真公を指します。民衆の社会不安が、菅原道真公を失脚させた者たちに対する不満や、菅原道真公がいたらもっとよい世の中になっていたかもしれないという思いと重なり、菅原道真公を神霊とする信仰になっていったのだと思います。

さまざまな禍のあと、朝廷による道真公の名誉回復と鎮魂の動きがあり、上方で神託がくだって京都北野天満宮が創建されます。北野天満宮の創建は菅原道真公が亡くなってから四四年後です。その後時代が下っていくと、道真公は祟りをもたらすのではなく、恵みをもたらす存在としての側面が徐々に強くなり、農耕の神、詩文の神、誠心の神としても崇められるようになっていきます。ちなみに、豊臣秀吉が北野大茶の湯を開いたことからは、茶道の神との関係の深さもうかがえます。

元来北野の神は雨をもたらす神でしたので、雷を落とす天神が北野に祀られたともいわれていま す。また、そのことで農耕の神様ともいわれます。その他にも子供の守護神、厄除けの神様、縁結びの神様、と様々な信仰がありますが、なかでも現在は学問の神様としての信仰が主ですね。『お伽草子』はじめ道真公はその死後、多くの作品に登場していますし、足利将軍も北野社を重視したと言われています。日本中でとても有名な存在だったはずです。そこで湯島の郷民にとっても、菅原道真公は、神様の中でも距離がとても近く感じられたため、お祀りしたいという声が挙がったのではないかと考えています。

それから、いくつもの絵巻があります。その一番の本になっているのが、さきほど触れました、『北野天神縁起絵巻』です。これは国宝に指定されているにも関わらず、不思議なことに誰が作ったのかわかりません。絵巻は九巻ありますが未完です。この絵巻をもとにして描かれた他の絵巻が全国にたくさんあります。これは、それぞれの御社の天神信仰を伝える絵巻の基本になったものであるために、根本縁起と言われたり、承久年間にできたため承久本と呼ばれたりもしています。湯島天満宮にもありますが、この絵巻があることによって、菅原道真公の御一代が広くわかりやすく流布したことも、天神信仰が普及した一因かもしれません。

道真公の影響力が強かった江戸、ターニングポイントとしての終戦

中島　江戸時代に湯島天満宮は非常に有名になりますね。

押見　戦国大名は、真偽は別にして、格が高い方を自身のご先祖様にすることで、自分の地位を庶民に知らしめる傾向がありました。加賀前田家は自分の先祖は菅原道真公だと言っていたために、その家紋は梅鉢です。加賀藩主・前田斉泰が、正室に将軍家斉の女《むすめ》溶姫を迎えた時に建造した御守殿門が、当宮のほど近くにある現在の東京大学赤門です。そのため、赤門の屋根の瓦にも梅鉢が付いています。百万石の大名が菅原道真公を慕っていたということは、菅原道真公が歴史的にも有名であり、どのような神様であるのかがよく知られていたということだと思います。

徳川家康も江戸入城の翌年には、当宮へ朱印地を五石寄進されていたり、幕府公認の富突が行われたり梅の名所としても有名でした。

中島　徳川家康は日光東照宮を作って、その後神格化されました。

押見　日光東照宮の本殿の造りは京都の北野天満宮をモデルにしたといわれております。徳川家光は、道真公を祀った北野天満宮の様式を取り入れることで、菅原道真公という庶民にも慕われている神様と同じように、徳川家康も庶民から多くの信仰を受けるように神格化したいという意図があったのかもしれません。

神道の祭典、作法、神職の立ち位置

押見　先人たちが残してくれた日本の伝統には様々な意味があり、年中行事や人生儀礼を通じて節々に感謝をし、立ち返ることができる場所のひとつとして神社がありました。しかし、戦後の核家族化により、たとえば七五三はなぜ行うのかといったような年中行事や人生儀礼の本来の意味がわからなくなってしまいました。様々な人生儀礼や年中行事はすべて日常にあります。それを人生儀礼や年中行事と解釈するか、神道行事と解釈するかというだけのことです。

それでも、神道には祭典に関しては祭式という作法があります。神職の場合、歩く歩数以外の作法はすべて決められています。たとえばどこで何度のお辞儀をするかなどです。神様に対してどの位置にいるかによって、立ち方や座り方が変わります。神様に対して不敬にならないようにするために、正中に対して左右に座ると作法は真逆になります。それは、人に対しても同じことです。

中島　仏教では、身体に叩きこむような修行をそれぞれの寺で行いますが、神道はそういうことはしないのですか。

押見　神道では清浄を第一としております。そのための行《ぎょう》はあります。神職と僧侶では立場が異なります。僧侶は俗世から離れて戒律のもと、この世で修行を重ね仏の道に近付くという考え方があると思いますが、神道の場合、神職は神様との仲執り持ちになります。ご参拝される方の思いを受け、謹んでみなさんの代わりにご奉仕申し上げるというニュアンスの方が大きいと思います。

コミュニティ、時代のニーズと神社のあり方

中島　現在の湯島天満宮は、地域のコミュニティにかなり支えられていると思われているのでしょうか。それとも、より一般に開かれた学問の神様をお祀りしているという意識が強いのでしょうか。

押見　地域の氏神様であることは間違いありません。神社は、氏神様なのか崇敬神社なのかによって地域との繋がり方がまったく違ってきます。氏神様ですと、東京では氏子地域が道路に線が引けるぐらいはっきり分かれています。氏子区域外から地鎮祭の依頼を受けても基本的にはお断りしています。というのも、その土地をお守りしている神様のところに分け入っていくことはできないためです。例外的に、様々な都合で氏神様で受けられないといった場合に、代わって行くことはありますが、基本的には氏子地域でしか土地のお祭りもしないということです。

湯島天満宮の氏子区域は二五カ町です。湯島天満宮の氏子には医療関係が多く、最北が東京大学医学部附属病院、最南が順天堂大学医学部附属病院、東京医科歯科大学ですが、日本サッカー協会（公益財団法人）やヨネックス（株式会社）も氏子

地域にございます。所縁のある人物には、横山大観、夏目漱石、河鍋暁斎などがいます。湯島という土地柄、文豪の方々がよくお参りに来ていました。

湯島は台地の上下にございますが坂の上と下で雰囲気がまったく違います。坂下は花街の要素があり、坂上は閑静な住宅街が広がっています。湯島はそれほど広い土地ではないですが、これほど様々な顔があるのは珍しいのではないかと思います。その湯島界隈が一帯となって守り続けてきた神社であり、多くの方々が崇敬す神社です。

中島　これまでの湯島天満宮の宮司さんでユニークな方はいらっしゃいましたか。

押見　ユニークと申しますか湯島天満宮の発展に大きく寄与した一人が現在の宮司（押見守康宮司）だと思います。たとえば、合格祈願と銘打って、祈願絵馬を札所に置いたのは湯島天満宮が最初といわれています。五〇年ほど前に現在の宮司が考えました。湯島天満宮といえば絵馬のイメージが付くほどになりました。また、破魔矢に絵馬を飾り付けたのも湯島天満宮が発祥ですし、それまでどこの神社でも同じようなデザインであったお守りを、神社によって、また願意によってデザインを変えたのも現在の宮司です。現在では全国の神社でも当たり前のようにそうなっています。

中島　湯島天満宮はどういったビジョンでここまで来られたのですか。

押見　神社は古いものをずっと守っているだけではなく、芯にあるものは変わりませんが、伝統は変わっていくと考えています。新しいものを取り入れながら、その時代のニーズに合わせていくことが大切です。しかし、時代にこびるわけではありません。芯すなわち本道は絶対に外さず時代の流れとともに、どのように神社が対応できるかということです。
宮司という言葉も、昔は違う意味でした。宮司が神社の祭祀の責任者、神社の社務や神職・職員の管理者を指すようになったのは戦後のことです。白衣袴もずっとこの形ではなかったと思います。変わってきているところがあるのに、それが昔からあったかのように皆さんが捉えているのは、神社がイメージ（芯）を変えないで新しいものを取り入れている証拠だと思います。自然に馴染んでいるということは、芯から外れていないということだと思います。

中島　「昔から」をどのように思うかという、思い方も時代によって変わってきていそうですね。江戸時代の人が「昔から」というのと、わたしたちが「昔から」というのとは思い方が違うと思います。そこをうまくキャッチして、「昔から」というのを新しく作らなくてはならないということでしょうね。

押見　日本の「かたち」を守るための伝統の保持は神社にとって必須の条件です。加えて、神社にとっては、皆さんに清々しくお参りしていただくために、どのような環境を作るかということがとても重要です。そのために時代によって求められていることが違うと思います。

神社の未来

中島　将来どういう神社であろうとお考えでしょうか。

押見　今は時代の流れが速いです。時代に追いつこうとするのも必要だとは思うのですが、あまりに先を読みすぎて、皆さんの思いと乖離してしまっては意味がありません。昔はそれほど選択肢がありませんでしたが、今は何かをやろうとすると選択肢がたくさんあります。

中島　以前うかがって衝撃を受けたのが、オンラインでのお参りです。

押見　湯島天満宮では行っておりませんが、オンライン参拝、つまり画面を通してご祈祷することですね。それは一種の遥拝と言えるのかもしれませんが、見ているのはパソコンです。神社の御神霊は目で見えるものではなく、心で感じるのが大事だと思いますが、オンライン参拝についてはさまざまな意見がありますね。

お話をうかがった押見匡純さん

中島　見えないものが大事だとすると、オンラインでは見えてしまいます。

押見　湯島天満宮では、そこでオンラインは活用していても、オンライン参拝には使っていません。祭典の様子はオンラインで流しているのですが、神社に実際に参拝に行って行われていた祭典を見たというのと同じと考えて、個人のご祈祷ではなく、神社の神事の様子を流しております。

　このコロナ禍で、遠方の方にはオンラインを活用することで神社との接点は保ってもらいつつ、来たる日にはお参りに行きたいと思ってもらえるようにするのか、オンラインでの参拝も検討していくのか。いろいろな選択肢があります。何もしなければ、人々の生活に馴染んでいるものから外れていってしまいます。しかし、芯を外さずに神社に取り入れられるのはどういうものか、わたしたちも勉強しなければわかりません。

中島　押見さんが繰り返しおっしゃった「芯になるもの」とは、具体的にはどのように表現すればよいのでしょうか。

押見　「しん」に漢字をあてはめると、「神」

「心」「芯」といったいろいろな「しん」がありますが、すべて「しん」なのです。神様が神社に鎮まっている状態が「しん」だと思います。これは考えてみると、実は歴史の中で日本人がこれまでやり続けてきたことだと思います。どうすれば、人々が言い争うことなく互いのことを想いながらコミュニティの「和」がうまく回るのかを常に考えることが一番重要です。それを考えるための指針が「しん」、「鎮まる」という単語に現れていると思います。

中島　大変勉強になりました。ありがとうございました。

社寺会堂の現在・過去・未来——
6施設へのインタビュー⑤

アッサラーム・ファンデーション

〒110-0016 東京都台東区台東4-6-7
TEL 03-3836-3533

アッサラーム・ファンデーションはダーワ（教宣）を供するとともに、日本にも増えつつあるムスリムの人々のためにモスクと集会所を提供する非営利、非政治的な、宗教・教育機関として二〇一一年にオープンした。地元の人々とムスリムコミュニティーをつなぎ、相互理解を深める場所としても機能している。

モハメッド・ナズィール
（アッサラーム・ファンデーション代表役員）
×
中島隆博

歴史的経緯——御徒町にある背景

中島隆博　まず御徒町に建てるに至った経緯を教えていただけますか。

モハメッド・ナズィール　日本には、礼拝する場所がほとんどなかったため、信者の多くが困っていました。御徒町はみんなに便利な場所ですので、二〇〇九年に建て始め、二〇一一年にオープンしました。建設の中心になったのは、御徒町の宝石商を中心としたビジネス・コミュニティーです。

中島　東京には、他にいくつくらい礼拝するところがあるのでしょうか。

ナズィール　主なものは、御徒町、東京ジャーミイ、大塚の三ヶ所です。

中島　御徒町は東京の東側の人たちにはとても便利ですね。東京ジャーミイは西側ですよね。

ナズィール　海外から来る人たちが増えているので、御徒町の礼拝堂に入りきらなくなってきています。一日に少なくとも一五〇～二〇〇人の出入りがあって、金曜の特別礼拝には五〇〇～六〇〇人くらいの方々が集います。一回では礼拝堂に入りきらないので、二回に分けて礼拝を行っています。オフィスや階段までも開放し、ギリギリまで入ってもらっています。子どもたちには近くの公園で待ってもらっています。

いま新しい礼拝堂を建設する計画が持ち上がっています。そこでは一五〇〇～二〇〇〇人ほどの人が収容できる予定です。海外からの旅行者たちは必ず礼拝に来ます。その人たちが礼拝堂に入れないのはかわいそうなので、新しい場所ができれば、礼拝に参加できないとか、礼拝堂に入れないという問題はなくなります。

中島　日本に来る信者の数がどんどん増えているわけですね。

ナズィール　そうですね。どんどん増えていると思います。礼拝にくる人は確実に増えました。

イスラーム教徒にとっての日本

中島　日本というのは信者の方が訪れたい場所なのでしょうか。

ナズィール　世界の中で日本は一番人気があるのではないでしょうか。日本は生活がイスラームの文化に近いので、それを見たいのです。

ムスリムの人たちがこの五〇～七〇年間で忘れてきてしまったものが日本にはまだ残っています。具体的には、嘘をつかない、真面目、綺麗好き、約束を守る、何でもきちんとやる、どろぼうが少ない、忘れ物を届ける、といったことですね。これらは全部イスラームの教えです。そういったことが日本では見られます。街中で困っていたら助けてくれます。イスラームでやらないといけないとされていることが日本でやられているのです。

中島　イスラーム社会では、そうしたことをどうして忘れるようになったのでしょうか。

ナズィール　一〇〇年くらい前、イスラームが強かった時代はきちんとイスラームの教えを守っていました。ところが、戦争に負けると自国の文化がほとんどなくなってしまい、イスラームのオリジナリティもなくなってしまいました。イギリスならイギリス、フランスならフランス、その国の教えによって人間が少しずつ変わってしまいました。
　私はスリランカ人ですが、私たちにとってはスリランカの言葉より英語を話す方がステイタスなのです。たとえば大臣が話す言葉や銀行でのやり取りは英語です。英語でないと銀行では信用されません。今になってスリランカの言葉を話すことの重要性に気づいて変わってはきましたが、英語を重視している間にスリランカの文化がなくなってしまったわけです。
中島　ナズィールさんは、クルアーンを日本語でどう翻訳するかに尽力されていらっしゃいますが、言語の問題はとても大事ですよね。
ナズィール　アラビア語は日本語と同じくとても深い言葉です。勉強すればするほどクルアーンの意味が深くわかってきます。ひとつの語では翻訳しきれません。この語はこの意味ですとしてしまうと、間違ってしまいます。

クルアーンとその翻訳

中島　みなさんはアラビア語でクルアーンを覚えているわけですよね。
ナズィール　アラビア語はだいたい覚えています。日本語訳のクルアーンが初めてできたのは一九二〇年です。ただ、昔の翻訳は間違いが多かったです。しかし最近サウジアラビアで、日本語の翻訳でいいものができました。
　私たちの仕事は、イスラームのことを聞いてくれる人たちに、「正しく翻訳するとこうですよ」、「アラビア語ではこういうことを言っていますよ」、ときちんと説明することです。
中島　それは非常に重要なことですね。『論語』などもどう日本語に翻訳するのかは大変難しいことです。完璧な翻訳はないわけです。ところが、では『論語』の原文だけ覚えていればいいかというと、そういうわけにはいきません。「論語読みの論語知らず」という言葉があるように、覚えてはいるものの意味を知らないことになるわけです。どこかで翻訳というのが非常に大事になります。

スリランカの場合、英語を話すのはステイタスが高くスリランカの言葉で話すのはステイタスが低いということでしたが、ではクルアーン（アラビア語）を読むときに翻訳をしなければいけないとなれば、両方に翻訳をするのですか、それとも英語だけなのでしょうか。

ナズィール　それは人によります。集まった人たちの雰囲気や、子どもとか女性が多い、あるいは外国の人が多いかなどで判断します。スリランカの言葉の方がよければそうしますし、英語の方がよければそうします。どんな集まりかによって異なります。

子どもの頃は、誰もがみんなクルアーンを読誦することはできます。ところが、翻訳されていないので、意味はわかりません。意味を先生に聞いたとしても、メモを取れないので、頭で覚えている分しか残りません。六六六六節の中で意味がわかっているのは一〇〇節くらいだったかもしれません。

中島　今、現地の言葉への翻訳があちこちでなされているのでしょうか。

ナズィール　そうです。私たちの御徒町でも毎週金曜と土曜にレクチャーがあります。さまざまな宗教的な話をするため、海外から学者たちを呼んで勉強会をする時はほとんど英語で行われます。

御徒町には五〇数カ国の人たちが礼拝に来ています。最近はみんな日本語を話すようになってきてやりやすくなってきましたが、英語しか知らない人もいるので、日本語と英語の両方で通訳しています。

中島　最初から複数の言語で活動されているのですね。
　今イスラームは世界中に広がっていますよね。イスラームに対する解釈にはいくつか違うバージョンがあると思うのですが、現代の社会でどう解釈するのかについて議論があったりするのでしょうか。
ナズィール　考え方はどこのイスラームでも一緒です。
中島　表現の仕方が違ったりするのでしょうか。
ナズィール　イスラームが信仰されている地域に生まれても、イスラームの名前を持っていても、イスラームの生活をしていない人たちはいます。その人たちの生き方はイスラームとは少し違います。
　そういうこともありますが、ウズベキスタン、パキスタン、バングラデッシュ、スリランカ、アラブの国々、全世界どこの国であっても、またアメリカのイスラーム、中国のイスラームでさえも、だいたい考え方は一緒です。ですので、礼拝に来る人は、すべて兄弟だと思わなければなりません。モスクまで来ていただいたら、兄弟と同じような雰囲気になります。食べるものを分けたり、学生の泊まる場所がなかったら不動産を紹介したり、正しい日本の文化を教えたり、協力しあって、できることをします。
中島　クルアーンの日本語訳は今どのくらい進んでいるのでしょうか。
ナズィール　五年かけてできた新しいものがひとつありますが、それで一旦とめています。一番必要だと思っているのは、簡単な言葉を使ったものです。みなさんが難しいと言うので、子どもたちにも理解しやすいように、もう少しわかりやすいものにしたいと思っています。

中島　『論語』も何種類の日本語訳があるかわかりません。非常に学術的なものがある一方で、子どものためのわかりやすいものもあります。同じようなことがクルアーンでもあるのですね。ガチガチに学術的に固めていく翻訳も当然あるでしょうし、もっと平易なものもありそうです。翻訳に終わりはないでしょうから、翻訳し続けていくしかないでしょうね。

これはいつも思っているのですが、日本語自体も変わっていくし、翻訳を通じて鍛えられていくのだろうと思います。

イスラーム文化と日本文化

中島　さきほど日本の文化は非常にイスラーム的だとおっしゃいました。来世で幸せを得るとか救われるというのは、仏教でもそういう理解はあります。日本の文化と親和性があるし、仏教的な考え方とも親和性があるかもしれない。その上で、しかしやはりイスラームだという根拠は何かあるのでしょうか。

ナズィール　イスラームがあって、キリスト教があって、ユダヤ教があって、仏教があって、ヒンズー教がある、とみんな思っていますが、それはイスラームの考え方とは違います。アッラーはイスラームの神のことだとみんな思っていますが、違います。アッラーは唯一の神のことを指しているだけで、創造主というだけです。創造主のことをアラビア語で言うとアッラーです。英語で言うとGod、またはCreator。国によって言葉が違うだけなのです。聖書を持ってきて、アラビア語で読んだらアッラーと書いてあります。

すべての宗教は同じ神を信仰しています。キリスト教とイスラームとユダヤ教は一〇〇%ルーツが同じです。少しだけ意見の違いでわかれていま す。私も仏教を学校で勉強しましたが、仏教の教えはイスラームの教えにすごく近いです。イスラームでは預言者は一二万四〇〇〇人いますが、ブッダも預言者の一人と考えられなくはありません。

中島 いくつかの宗教が並立してあるのではなくて、根本的なところは同一であるというお考えなのですね。

ナズィール そうです。前の宗教が、時代が変わるときに忘れられたり、信仰されなくなったり、ずれたりするだけです。宗教自体が途切れることはありません。

中島 仏教を勉強されたときに、経典の一部はアラビア語に翻訳されていたのでしょうか。

ナズィール 仏教はアラビア語には翻訳されていません。今は忘れてしまいましたが、パーリ語・サンスクリット語を覚えて勉強しました。そのときは意味もわかっていましたが、使っていないと忘れてしまいます。パーリ語・サンスクリット語は使う人がほとんどいません。宗教はその時代の言葉を使って普及されます。言葉が途切れたら宗教の中身も翻訳の過程で少しずつずれていきます。しかし、すべての宗教はひとつの神から派生していますから、教えていることはすべて同じだと考えています。どの宗教でも悪いことをしていいとは言っていません。

日本におけるイスラーム礼拝とイスラーム理解

中島 少し視点を変えましょう。東京の中に三つの大きな礼拝場所があるということですが、お互いどういう関係なのでしょうか。横の連携はありますか。

ナズィール 礼拝場所は日本に全部で一〇〇くら

いあります。海外から学者が来たらみんなに声をかけますし、他の場所にその学者を紹介したりします。お葬式やお祭りのときに集まったり、断食のときには三〇日の間に、相互に招待しあったり、情報交換をしたりします。

中島　非常に密接に連携されているのですね。海外の学者とはどういう方々で、どのあたりの方が多いのでしょうか。

ナズィール　サウジアラビア、アラブ首長国連邦、ドバイ、カタール、インドネシア、マレーシア、アメリカなどから呼んでいます。日本は遠すぎて来たくないと言う人もいます。来られる方には一〇日間くらいレクチャーしてもらいます。

それは、とても深くクルアーンのことを理解している人たちから解釈を聞くためです。私たちにもクルアーンの中で意味のわからない部分がありあます。クルアーンは読んだだけでは意味はわかりません。いつ啓示されたのか、啓示されたときは誰がいたのか、啓示は誰が記憶したのか、その人が言っていることは正しいのか、その人の親は誰で、親の親は誰で、その人はどういう生活をしていたのか、そういうものがすべて集まって理解につながっていくのです。たとえば、クルアーンでは礼拝しなさいと言っていますが、どういうふうに礼拝しなさいということは言っていません。

中島　学者というのは必ずしも大学の先生ではないのですね。

ナズィール　大学の先生というわけではありません。イスラームについての特別の勉強というのがあり、イスラームの国には大抵あるイスラームの大学で、そういう専門の勉強をした人たちです。

中島　その学者の方々はどういうところに所属されているのでしょうか。

ナズィール　大学の先生もいますし、アラビア語を教える先生もいますし、仕事は様々です。言葉によってプロフェッショナルになっている人たちが多いです。その方たちは日本に来たとしても私たちからはお金をもらいません。イスラームでは宗教を教えてお金を受けとることはあまりやりません。来世にもらいたいので、今もらってしまうと現世でやったことがそれで終わってしまうと考えるからです。

お金持ちの人もいればそうでない人もいます。飛行機のチケットは渡しますが、とても偉い人でもエコノミーで来たりします。エコノミーかビジネスかは、ご高齢で大変だからビジネスにしようなどの理由でこちらで決めますが、エコノミーだからと言って文句を言われたことはありません。

中島　その方々がレクチャーされるときは英語でしょうか。

ナズィール　アラビア語のクルアーンを使い、説明は英語でします。アラビア語で説明するときもありますが、そのときはこちらで英語や日本語の通訳を入れます。通訳が長すぎてやりにくいと言われるときもあります。

中島　日本の学者とも交流はあるのでしょうか。

ナズィール　日本の学者も呼んで、日本やイスラームの文化など、勉強したいことはたくさんありますが、今は場所の問題で、狭くて物理的に難しいところです。新しい場所ができたら交流を広げていきたいと思っています。

レクチャーは礼拝の場所でやるために、一二時と一五時の礼拝の間ですと、何かやろうと思っても難しいものがあります。遅れてくる人たちもいます。レクチャーしている最中に、その後ろで遅れてきた人たちが礼拝することになり、お互い気になってしまうのです。

中島　新しい場所に移ればスペースもできるので、

日本の文化を学ぶこともできるのですね。

ナズィール　日本文化が好きな人が多いので、日本の文化をもう少しレクチャーして欲しいという要望があります。

中島　何がそんなに魅力的なのでしょうか。

ナズィール　日本人は親切だとか優しいとか言われます。日本の文化に触れるだけでなく、映画も観ます。「おしん」も大好きです。どこに行っても、日本に住んでいると言うとみんな喜んでくれます。

日本におけるイスラームの受容と今後

中島　将来的な話を聞きたいのですが、新しいところでスペース問題が解決したら、その先は何か考えていらっしゃいますか。

ナズィール　イスラームの文化を日本人にも知ってもらいたいので、ミュージアムをつくろうかと思っています。クルアーンで教えていることが、日本の文化のなかにもあることがわかると面白いですよね。日本とイスラームの文化のつながりを示すことをやりたいです。

また、イスラームの人たちが一番困っているのは、日本料理が食べたいと思っても食べられないことです。日本料理を食べたくても、豚肉は食べることができません。ハラールの認定を取ってレストランを増やすのは簡単ではありません。お酒を入れられないとか、いろいろやめないといけないことが多いので、できないのです。そこで、新しい礼拝堂が入るビルに、ハラールの日本食フードコートをつくって提供したいと考えています。お寿司はハラールだし、餃子ならチキンでもできます。天ぷらとか蕎麦とか簡単にできるものをやりたいです。海外で食べるゴムみたいなウナギのようなものではなく、本当の日本の食事、美味しいものを、同じ味で、ハラールで提供してたくさんの人を喜ばせたいと思います。

中島 ハラール認証は最近始まったのでしょうか。

ナズィール ハラール認証に、世界的な統一基準というのはありません。国ごとに異なります。日本の機関が認証をはじめたのは二〇年ほど前だと思います（日本イスラム文化センターは一九九七年に開始）が、広まってきたのは一〇年ほど前からでしょうか（日本ハラール協会は二〇一〇年、日本アジアハラール協会は二〇一三年開始）。一九七八年に初めて来日したときは、ハラールはありませんでした。ホテルの朝食で豚肉を食べられないと言ったところ、わかったと言った後、ベーコンをサービスだと言って持ってこられて困ったことがあります。ベーコンも食べないと言ったら、そうですかと言ってお皿からベーコンを抜いて、そのまま持ってこられました。製造工程の段階から分かれていなければならないということが理解されていなかったのです。そういう時代だったので食べるものがなく、帰る日を指折り数えていました。その後来日した際はドライフルーツや野菜など食べられるものをたくさん持ってきて、パン等を買って食べていました。

食べないと言っても友人たちから食事に招かれました。食べられなかったので失礼だったと思います。ハラールの意味もイスラームでの重要性もみんなわからなかったのだと思います。

中島 ここ最近日本社会でも認識が深まってきたのでしょうか。

ナズィール そうです。東京では三〇〇くらいのレストランがハラール認定を受けています。御徒町の大きなレストランはこの三月から認定を受けましたし、ホテル内のレストランや浅草などのレストランもハラールの料理を出しているところがあります。

中島　徐々に理解が深まってきたと感じていますか。

ナズィール　今はどんな田舎に行ってもハラールという言葉を理解してくれています。先日神戸のレストランに行ったとき、豚肉があっても、きれいに洗って、新たにスパゲッティを作ってくれました。みんな親切で、まじめです。だから日本が好きなのです。

お話をうかがったモハメッド・ナズィールさん

東叡山 寛永寺

〒110-0002 東京都台東区上野桜木1-14-11
Tel 03-3821-4440

寛永寺は、天台宗の別格大本山の寺院。一六二五年に、徳川幕府の安泰と万民の平安を祈願するため、江戸城の鬼門にあたる上野の台地に、慈眼大師天海大僧正によって建立された。第四代将軍・徳川家綱公の霊廟が造営され、将軍家の菩提寺も兼ねるようになったうえ、東叡山主を皇室から迎え、江戸時代には格式と規模において権勢を誇った。しかし幕末の上野戦争により、敷地の大部分が上野公園となった。公園の各地に寛永寺の諸堂が残っており、見てまわることができる。

宮部亮侑（寛永寺執事）
×
吉見俊哉

天台宗と最澄のおさらい

吉見俊哉　寛永寺の正式名称は東叡山寛永寺です。東叡山というのは東の比叡山という意味ですね。西の比叡山、つまり比叡山延暦寺は、最澄が開いた天台宗の総本山です。これがオリジナルで、この延暦寺との関係で、寛永寺は自らを位置づけていた。そこでまず、最澄が開いた天台宗は日本の仏教の中でどのような宗派なのか、比叡山延暦寺はどういった寺なのか、といった基本のところからお話しいただけますか。

宮部亮侑　天台宗が開かれる前は、奈良仏教といわれる南都六宗という宗派がありました。そちらは「論宗」という、釈尊がおっしゃったことを学問的に解釈した、論を中心にしている宗派です。

最澄は、論よりも釈尊が説かれた経を中心に据える、「経宗」の立場を取りました。ですので、南都六宗と天台宗の大きな違いは根本聖典にあります。最澄は南都六宗を否定したわけではなく、様々ある釈尊の教えのひとつの助けとして、天台宗を開きたいと考えていました。天台宗は法華経を中心に置くのですが、「一乗」という誰でも悟りを開けるというのが根本的な考え方です。

吉見　空海と最澄が、真言宗、天台宗を開くのは、遣唐使が衰退していく八世紀から九世紀にかけてです。唐という巨大帝国も衰退期に入っているのですが、東アジアにおいては、唐の影響がまだ圧倒的に大きい。そして日本は、唐の影響下で日本独自の文化を作り始める。まさにその時、最澄と空海という二人の巨大な宗教者、大思想家が現れて、日本の仏法の根本を築くわけです。つまり、当時の東アジア全体の地政学的状況の中に、真言宗と天台宗の形成をおいてみると、この二つの宗教の精神史的重要性がわかるような気がします。

宮部 最澄が生まれる前、七〇〇年代の前半頃が中国仏教の絶頂期だったと言っても過言ではありません。ところが、安史の乱が起きた後に急速に坂道を転がり落ちていきます。中国仏教がまだ何とか踏みとどまっていた時代に、最澄と空海が日本に持ち帰ってきた一番大きなものは、密教です。当時、中国では密教は主流ではありませんでしたが、日本では現世利益的な密教を欲していた事情がありました。それをちょうどタイミングよく持ち帰ってきたのです。

寛永寺と徳川家康の関係

吉見 中世以降、日本の仏教は多様化していきましたが、その全体的なヒエラルキーの中で、延暦寺と天台宗は中心であり続けたように思います。延暦寺は信長の焼き討ちに遭いましたが、天台宗はずっと日本の仏教秩序の頂点に近い位置にいたのではないかと思うのです。そのことがいっそうはっきりするのは、江戸時代の天海僧正と徳川家康との関係です。東叡山寛永寺の歴史は、天海僧正のことを抜きには語れないですね。江戸時代の上野の発展は、天海が宗教的権威を発揮し、政治力も持っていたことが背景にある。天海と家康の関係についてお話いただけますか。

宮部 江戸時代の天台宗ですが、きわめて特殊な状況だったといえると思います。信長に焼き討ちされて以降、天台宗は非常に不遇で、復興にも大変時間がかかりました。たとえば、天台宗のトップを天台座主と言います。現代では天台座主は天台宗の中の最高権威という意味になりますが、江戸時代に限っては延暦寺の住職という意味しかなかったのです。

江戸時代の宗教的権威は誰だったのかというと、それは寛永寺の住職でした。その礎を築いたのが天海僧正です。天海僧正は関ケ原以後に、家康と出会ったとされます。天海僧正がまだ寛永寺を開く前の話ですが、徳川家康を東照大権現として祀るための宗教的な基盤を、家康に与えました。それによって、天海僧正が寛永寺を建てようと言ったとき、徳川家も協力しました。天海僧正が徳川家康を東照大権現として祀ってくれたのですから、徳川家としては、どれだけ恩があってもおかしくないということになります。

天海僧正と徳川家康

吉見　関ケ原以後に家康と出会ったということは、家康が天下人になるともうわかっていましたね。それ以前の天海僧正は、どういう人生を送られていたのでしょうか。

宮部　天海僧正は、会津高田というところで武士の子どもとして生まれました。若いうちに住職をしたお寺や修行したお寺の記録もすべて残っており、非常に淡々とした生涯を送られている真面目なお坊さんです。歴史の表舞台に出てくるのが七〇歳をすぎてからで、一〇八歳まで生きました。足利学校で学んでいたことはわかっておりますが、その知識があまりにも広範であるため、実際に学問をどこで修めたのかということまではわかりません。実は不思議な人と言われることが多いのです。少し前まで天海僧正は黒衣の宰相とよく言われていました。徳川家康は金地院崇伝をすぐそばに従えていまして、そちらは明らかに黒衣の宰相と言えます。しかし、天海僧正は徳川家康の宗教的な心の支えとなっており、政治に口を出している形跡はありません。

吉見　それでも、上野周辺に広大な領地を得ていますね。これは、徳川家の庇護なくしてはありえないことだと思います。これだけの広大な領地やその後の幕府における宗教的な役割の大きさからして、江戸の中で寛永寺は最も繁栄したお寺でした。寛永寺はなぜ、これほどまでに高い地位を得ることができたのでしょうか。

家康の神化と神仏習合

宮部　やはり、徳川家康を東照大権現として祀ったこと、これが一番大きいと思います。天海僧正が神様仏様家康様として、家康を豊国大明神を超える唯一の絶対の神様として祀り、他の誰もが徳川家に対して精神的に弓をひけないようにしました。幕末の動乱期においても当時全国に三〇〇以上あった東照宮はひとつも焼かれていません。幕末になっても徳川家康、東照宮は怖かったという証左です。

吉見　徳川家康は神として祀られますが、仏教的な意味での仏ではありません。しかし、寛永寺は仏教のお寺です。そうすると、徳川家康を東照大権現として祀るということは、神仏習合を前提にしていたわけですね。

宮部　その通りです。東照大権現は仏教神道、すなわち山王一実神道という天台宗系の神道に基づきます。徳川家康は、お母さんが鳳来寺というお寺に御百度を踏んで授かったと言われています。その鳳来寺のご本尊様が薬師如来でした。そのため、徳川家康は薬師如来の生まれ変わりだと言われていたそうです。そして、東照大権現、神として祀ることについてですが、神仏習合ですので、仏が介在しています。あちらの世界で薬師如来だった方が、人間徳川家康となってこの世に現れて、東照大権現という神様になり、あちらの世界へお帰りになった。薬師如来は東方浄瑠璃世界というところに住んでいますので、その東から照らす権現様が東照大権現です。つまり薬師如来を背景にした権現という神様が、東照大権現です。

上野の華やかなりし時代

吉見　天海にとって神仏習合は、思想的にも宗教的にも問題はなかったし、政治的には明らかに利益があった。同時に、徳川家にとっても政治的に利益があった。江戸時代、寛永寺を中心に壮大な伽藍が次々にできていって、上野の山は宗教都市みたいになっていきますね。しかも、徳川の将軍たちが頻繁に墓参りに行き、それに諸大名が同行します。諸大名の休憩所として、それぞれのお寺が利用されるようになります。将軍家は寛永寺の本坊に行くのですが、周りのいろいろなお寺も諸大名からずいぶん寄進を受けるようになって、どんどん潤っていく。今では想像がつかないのですが、上野の一番華やかなりし時代というのは、どのようなものでしたか。

宮部　寛永寺が一番栄えていた時代は、一七〇〇年代です。寛永寺が開かれてから八〇年以上経ってからが最盛期です。三六坊を連ねまして、広さが三〇万五〇〇〇坪、約二万石の寺領がございました。

吉見　二万石ですか。しかも、諸大名からの寄進を含めたらもっと収入があったかもしれない。寛永寺全体としては、大名以上に栄華を極めていたのではないかと想像します。

宮部 それが宗教的権威というもので。寛永寺は、天海僧正から数えて三代目の住職から、皇室より住職を迎えることになりました。これが輪王寺宮と言われる、関東ではじめての門跡寺院です。門跡自体は、天台宗以外にも各宗派様々あるのですが、寛永寺は関東に門跡を設け、しかも、一品という位にしています。他の門跡とは格が全然違います。寛永寺住職も御三家並みの格になります。これほどの宗教的権威を築き上げたのが寛永寺の住職、輪王寺宮の住職です。寛永寺が宗教的権威を築き上げることができた理由としては、推測の域を出ませんが、幕府が京都の都からの独立を考えていたためではないかとも考えられます。京都に天皇陛下がいらっしゃいますけれど、場合によっては、寛永寺の住職を還俗させて東都に都を築いていくということを、徳川家が考えていた可能性は否定できません。

吉見 政治権力の中心は徳川幕府にあるし、宗教的、文化的な中心性も京都以上に江戸が担っていくということでしょうか。そうすると、寛永寺は延暦寺以上の役割を果たすという形になりますね。

宮部 比叡山延暦寺が京都御所の北東にあり、京の都の鬼門封じをしていたのと同じように、寛永寺は江戸城の鬼門封じとして、本当に機能させようとした意図もあったのではないかと思います。輪王寺宮と天皇との関係は、今でいう猶子にあたります。

吉見 江戸時代を通じ、寛永寺は武士や大名、支配上層部にとっての宗教的中心でした。しかし、江戸の庶民にとっては、寛永寺よりも神田明神が身近だったのではないかと思います。寛永寺の方から見ると、神田明神や山王神社など、江戸庶民の世界というのはどのように見えていたのですか。

宮部　徳川家のご祈祷の寺として始まりましたので、極端なことを言えば、寛永寺としては徳川家だけを相手にしていればよかったのですが、天海僧正は京都滋賀の名所旧跡の数々を上野の山に見立てていましたので、庶民のお参りもきわめて多くなりました。また、桜の植樹なども行われ桜の名所としても知られており、庶民が大変多く集ったというのは狂歌や浮世絵にも残っております。

上野戦争以後の暗黒時代

吉見　江戸の宗教的権威であり、文化的にも中心性を発揮していた寛永寺が、一八六八年の上野戦争によって一挙に瓦解していきます。単に僧坊が焼かれた、相当な伽藍が失われたということだけではなく、その後、明治政府に寛永寺の広大な境内地はほとんど取り上げられてしまう。そして、寛永寺自体が非常に周縁化され、虐げられていくことになる。これを、寛永寺はどのように受け止めていたのでしょうか。

宮部　寛永寺の暗黒時代のはじまりです。江戸城は皇居になりましたが、上野に関しては徳川家のお墓がある寛永寺のある限り、ここが江戸の象徴という言い方ができてしまいます。上野戦争のきっかけとして、江戸の象徴である将軍が眠っている寛永寺を徹底的にたたくということは、世の中が変わったと印象づけるのには非常に効果的なことだったと思います。

　寛永寺の寺領も明治政府に没収されました。結局、十分の一が返ってきますが、返し方も非常に特殊でした。十分の一でも返してしまうと、明治新政府が寛永寺を許したとみなされてしまいます。明治許したという姿勢は絶対に見せたくないので、公式には寛永寺は土地を返してもらっていません。実際は、各大名家に土地を返し、大名家から寛永寺に寄付するという形をとったのです。すなわち、明治新政府はまだ許していないという言い方もできるのです。

吉見　寛永寺の根本中堂があった場所は、やがて博覧会場になり、現在は東京国立博物館の前庭みたいなところになっています。寛永寺からしたら最も宗教的な場所が、単なる広場になり、博覧会場になり、歴史が完璧に消され、上野の山から宗教色が失われる。一種の記憶の抹殺が起きたわけです。

宮部　博覧会が明治期に三回開かれますが、いずれも明治天皇が行幸されています。つまり、天皇が徳川の中心であった寛永寺の土地に来られるのは、やはり世の中が変わったということを印象づけるためであったと言えると思います。

吉見　今、上野駅やＪＲの鉄道の線路になっている場所には、江戸時代には寛永寺の僧坊がずらりと並んでいました。しかし、土地が没収され、上野の駅舎になり、鉄道線路になった。鉄道によって、僧房はかなり徹底的に排除されていきます。上野が宗教的拠点から鉄道交通の拠点に転換することで、東上野や日暮里や鶯谷などにかけての地域の形もすっかり変わったように思います。

宮部　江戸時代の鶯谷は畑でした。日暮里あたりに、当時の住職の別荘のようなところがあり、そこに行く秘密の道があるのですが、公式には道がないことになっています。ですから、上野と日暮里や鶯谷との往来は基本的にありません。反対に東上野の方へは車坂など、降りていける道があります。ただ、どこまで往来があったかというとよくわかりません。

お寺は三六坊あったのが一九坊に減りました。

お寺一軒一軒が昔はとても大きかったのですが、すごく小さくなりました。たとえば、私は寒松院というお寺におりますが、江戸時代には上野動物園全部の広さがありました。また、上野駅の線路のところに並んでいたのは一一坊だったのですが、それで線路も駅舎も含めて上野駅全部という感じです。

暗黒時代をどうしのいだか

吉見　敗戦後の日本に米軍が入ってきて、旧日本軍の用地は全部没収されて、米軍基地になりました。これは軍用地の没収です。しかし、明治初期の上野には、占領期以上の劇的な転換があったということですね。寛永寺にとっては、文字通り暗黒の歴史だったわけですが、暗黒期はいつくらいまで続いたのですか。

宮部　太平洋戦争が終わるまで続いたといってよいと思います。顔しか残っていない「これ以上落ちない大仏」として合格祈願で有名な上野大仏は、大正一二年の関東大震災で首が落ちてしまいました。幻の東京オリンピックの時期に合わせて修復の話が本格化したのですが、太平洋戦争によって立ち消えになります。結局、直ったのが昭和四七年で、それまで手をつけられていませんでした。

また、戦前の寛永寺には今ほどお檀家さんがいませんでした。基本的に徳川家以外の檀家さんがいなかったのです。先々代である私の祖父は、太平洋戦争が終わった時に墓地を分譲して食いつないでいたそうです。

吉見　明治大正期、渋沢栄一が寛永寺を支援しますね。渋沢には一橋慶喜への忠誠心が晩年まであったと思いますが、他にも明治の財界人や政治家がそっと寛永寺を支援していたことはないのでしょうか。

宮部　寛永寺の不遇の時代を支えてくださったのは、渋沢家と大倉家です。両家とも同じような形なのですが、渋沢家の方が表に出ていまして、檀家総代を務めていただいていたり、お堂をひとつ寄進していただいたりしています。

寛永寺の内部

吉見　寛永寺の中にはいろいろな子院がありますが、そうした子院間の会議はどう進められたのでしょう。宮部さんは寒松院ですが、現代の子院の横の連携というのはどのようになっていますか。

宮部　寛永寺は一九坊のお寺があって、それらが共同で経営、運営しております。実は、寛永寺というお堂はないのです。ちなみに、延暦寺というお堂もありません。比叡山にもたくさんのお寺やお堂がありますが、あれは全部延暦寺です。つまり、比叡山にあるお堂すべての集合体が延暦寺であって、単体の延暦寺はありません。延暦寺の座主は天台宗全体のトップの方で、延暦寺の住職ではあるのですが、特定のお堂の住職ではありません。

それと同じで、寛永寺にもお堂はたくさんありますが、これが寛永寺だというお堂はありません。寛永寺には一九坊の塔頭寺院があり、それらの住職のなかから選ばれた方が寛永寺の住職になります。江戸時代は輪王寺宮がおられましたが、神仏分離で離れてしまい、明治以降は僧侶が住職を勤めているのです。たとえば、子院の寒松院ですと、私が世襲で住職をしているのですが、寛永寺の住職は一九坊の中で変わります。寛永寺の住職はご貫首という言い方をします。ご貫首は、寛永寺の宗教的な象徴であり、すべての法要を司ります。

吉見　寛永寺というお堂がない！　まるで大学みたいですね。大学も学部や大学院の連合体です。その大学との類比で考えると、何か意思決定するときに、一九の門中寺院全員が合議しないと何も決まらないということですか。

宮部　そういうことです。その一九人で一山会議を行い、一山会議の合議を持って決定します。

吉見　そこも大学にそっくりで、組織の実体は一九のそれぞれの寺院にあるわけですね。それだと、なかなか物事が決まらなさそうですね。会議ばかりが多くて、お互いがお互いを立てなくてはならない。

お話をうかがった宮部亮侑さん

宮部　そういうところは確かにあります。普通のお寺ですと住職が一人なので、住職が交代すると一八〇度違う方向にいったりすることもありえます。しかし、こちらは一九坊あるので、これまでと大きくぶれることはありません。それを古臭いというか、伝統を守ると考えるかというところです。

寛永寺の今とこれから

吉見　第二次世界大戦後、最暗黒の時代は切り抜けたかもしれませんが、かつて寛永寺だった土地は、まだ十分復興されていないような気もします。たとえば、上野東照宮というのは素晴らしい建物だと思いますが、横にある五重塔はいまだに動物園の敷地の中、鹿の厩舎の横にあって、大変哀れな状態です。不忍池も、三分の一くらいは上野動物園の中に組み込まれ、完全に分断状態になっている。つまり、現時点でも、かつての寛永寺境内の華やかさからすれば、浮かばれていないという印象を持つのですが、いかがですか。

宮部　寛永寺は確かに徳川家を大事にするお寺であったわけですが、先ほどお話した見立ての考え方もあり、庶民がお参りするお寺でもありました。形はだいぶ変わりましたけれど、今、上野の山に大変多くの方がいらしているので、天海僧正は満足されているのではないかと思います。

吉見　寛永寺のいろいろな施設を訪れる方は戦前に比べてずっと増えているし、最近だと外国人観光客がずいぶん来られ、たとえば清水観音堂は人気スポットのひとつです。寛永寺として将来構想というか、なにかお考えになられていることはありますか。

宮部　我々はよく冗談で「寛永寺は通好みのお寺だよね」という言い方をします。確かにそうかもしれませんが、そもそも、上野という山が開かれたのは寛永寺があってのことです。それをもっと広く知っていただくのがまず一番かと思います。

吉見　ありがとうございました。今後も応援しますので、がんばってください。

Ⅱ

一　江戸東京の精神文化——宗教性と変容

仏教の変容と日本の社会

末木文美士

1　大乗仏教という変容

中国が歴史叙述に溢れているのに対して、インドはそれと対照的に歴史叙述を欠き、そこから仏教の展開に関しても、実態が不明のことが多い。中でも大乗仏教の成立に関しては、長く論争が続いてきた。一時期定説となっていたのが平川彰の説（平川、一九六八）で、教団史的な観点から、大乗仏教は僧院の中の出家者の教団と別に、仏塔（ストゥーパ）を中心に集まった在家者集団の信仰運動の中から生まれたとするものであった。

しかし、近年はその説は否定され、在来の出家者教団の中で、それも統一的な運動ではなく、ばらばらに形成されたものが、後に統合されたとするのが定説化してきている。下田正弘は教団史的な方法を批判し、実際の集団的な運動よりも先に、まず書かれたものとしての大乗経典が成立したと見るべきだと論じている（下田、二〇二〇）。

それでは、なぜ出家者教団の中で、まったく異質の大乗経典が成立しえたのか。佐々木閑は、アショーカ王時代に、教団分裂（破僧）に関する規定が大きく変わったことが関係しているという（佐々木、二〇〇〇）。それまでは、ブッダの教説に背く教義を主張することが教団の分裂と見なされていた。そこで、ブッダの教説をどう解釈するかということで主張が分かれ、相互に異端視して、部派（nikāya）が分かれることになった。それに対して、アショーカ王によって教団の和合が図られ、新しい規定では、別個に教団行事を行うことが分裂だと定義し直されたという。そうであれば、まったく相反する説を唱えても、一緒に行事を遂行できれば、同一教団に所属することが可能になる。譬えて言えば、同じ大学の中で、まったく反対の学説を唱える人たちがいても、大学のルールに従って授業や会議ができていれば、問題ないようなものである。

こうして、従来の説を真っ向から批判するような大乗仏教の主張でも、既存の教団の中で形成されることが可能になった。ある一定の場所に出家者が集まって教団をなしているのを現前サンガと呼び、それに対して、今ここに集まってはいないが、各地に散らばった出家者の全体の共同体を四方サンガと呼ぶ。同じ仏教の流れを受けて、同じ生活規律と行事を保っていれば、主張が異なっていても、理念的な仏教者全体の共同体である四方サンガの一員でありうる。

実際、大乗仏教の教説を採用しても、中国では法蔵部の『四分律』、チベットでは根本説一切有部の律が用いられている。戒律は部派のものを用いているから、教団的には分裂する必要はない。気候風土の相違から、もとの戒律がそのまま遵守されるわけではないが、もっとも重要な入門儀礼である授戒においては、今日に至るまで伝統が維持され、出家者の独身主義などの基本は、どの教団でも守っている。

2 大乗戒採用の波紋

この伝統に正面から挑戦したのが最澄（七六六／七六七〜八二二）である。それまでの日本では、鑑真が中国の『四分律』による戒（具足戒）を伝え、天下の三戒壇（東大寺・下野薬師寺・筑紫観世音寺）で授戒することで、一人前の僧（比丘）となることが認められた。それに対して、最澄はそれでは本当の大乗仏教の精神が発揮できないとして、大乗仏教独自の戒壇を設立し、そこで大乗戒を授けることを目指した。八一八〜八一九年に『山家学生式』としてまとめられる「六条式」「八条式」「四条式」を続けざまに朝廷に提出し、その理念を述べた。

「六条式」では、比叡山で養成される大乗の菩薩僧の理念が掲げられる。その理想は僧院の中に籠ることではなく、「己を忘れ、他を利する」のでなければならない。その僧に国宝・国師・国用が立てられる。国宝は国の精神的指導者である。ここに、有名な「照千一隅」の語が見える。かつては「照于一隅」（一隅を照らす）と読まれていたが、それは誤りで、「千里を照らし、一隅を守る」の略と考えられる。指導者に求められるのは、千里の遠くまで照らす高い理念と、にもかかわらず、人々の暮らしの細部にまで行き届く目である。国師・国用は、それぞれの地域の精神的指導者となる。国から供養の法服などを受けたら私用せず、池や橋の整備、荒地の開拓、植樹、造船などに使う。

このように、世俗と仏法の不離不即の中に、高い菩薩の理想を実現していくのが大乗のあるべき姿だという。そのような菩薩僧を養成するには、部派の小乗戒では不十分で、純粋な大乗戒を用いなければならないとする。それが『梵網経』による菩薩戒（梵網戒）である。『梵網経』は、中国での偽経と考えられているが、その下巻に戒律が説かれている（船山、二〇一七）。それは、殺戒・妄語戒・邪婬戒・盗戒・酤酒戒等の十重戒と四八の軽戒からなる。けれども、それだけでは比丘たちの共同生活を律するには不十分で、入門儀礼としての授戒に用いるのは不適切であった。

中国では、梵網戒は『四分律』による授戒の補助として、菩薩の精神を植える役割を果たすものとされた。また、梵網戒は出家者だけでなく、在家者にも与えられた。鑑真が来日した時、聖武上皇はじめ在家の貴族たちにも梵網戒が授戒された。

最澄は、出家者の授戒に適さない梵網戒を、大乗戒という理由で出家者の授戒に用いた。それでは在家者と一緒であり（通受）、出家者の出家者たるゆえんをなす授戒（別受）にならないではないか、という疑問が残る。しかし、最澄は「真俗一貫」（出家者にも在家者にも同じように適用できる）ということをかえって利点として挙げている。大乗の菩薩の精神が、世俗にはたらきかける有効性を高く評価しているのである。

さらに、具足戒の授戒には三人の師と七人のそれを証明する立ち合いの比丘（三師七証）が必要であるが、最澄によれば、大乗戒の授戒は、釈迦と文殊・弥勒を三師とし、一切の諸仏・諸菩薩を七証とするという。確かに理想としては高いが、現実的ではなく、相応しい人師がいれば招くとするが、いなければ自分で誓う自誓授戒でもよいとしている。

このように、最澄の大乗戒採用は、いわば理想主義的に大乗の精神を掲げるものではあるが、さまざまな問題を残すことになった。何よりも、本来授戒していることは、四方サンガの一員になることであり、国境を超えて、どこの仏教教団でも通用する、いわば出家者のパスポートとも言える。しかし、梵網戒はもともと在家者にも通ずる通受の戒であるから、いくら日本で通用しても、外に出たら通用するものではない。実際、中世に比叡山で受戒した僧が中国に留学する時、一人前の僧と認められないという問題を生ずることになった。そこで、東大寺戒壇で具足戒を受けたという偽の戒牒をもって留学することも生じた。大乗仏教という世界に通用するはずの理想を持ちながら、実際にはその大乗戒はグローバルスタンダードから外れ、日本でしか通用しないという逆説的な結果となった。

最澄は弟子たちに一二年間の比叡山籠山修行を課し、厳しい修行を経て初めて一人前として社会に出ることになっていた。しかし、『法華経』を最高視する天台教学と結びついて、戒が実践よりも理念化されたこと、もともとの狙いが「真俗一貫」で、世俗に積極的に関わることを求めていたことなどから、修行の面がともすれば軽視される危険があった。最澄の弟子の光定の「一心戒」のように、個々の条目よりも、その根本の「一心」の体得を重視する傾向が強まり、安然においては、授戒した段階で成仏が成り立つという授戒成仏説が主張されるに至った。その後、円戒・円頓戒と呼ばれる戒は、中世の本覚思想と密接に関係して、儀礼化して継承されるようになった（恵谷、一九八八）。

最澄が提起した世俗と仏法の問題は、その後の日本仏教のあり方に大きな影響を与えた。仏教は世俗の権力に直接介入することはしない。しかし、世俗権力に対する精神的な権威として強い力を発揮する。仏法は神々をも支配下に置くので、仏法に背くと、神仏の超越的世界からどのような罰が下されるかわからない。王権は神仏を畏れ、神仏を守ることで、神仏の加護が与えられる。大寺院は広大な領地をもって豊かな経済力と軍事力さえ持って、単なる精神的権威を超えて、世俗権力の一環ともなった（黒田、一九七五）。こうして中世の王法仏法相依体制が形成され、それが中世を通して、さらには多少形を変えて近世に至るまで、日本人の精神構造の基本となってきたのである。

3　グローバル化か日本化か

かつては近世仏教堕落論のもとに、近世は儒教と国学の時代で、仏教には見るべきものがないと考えられてきた。しかし、今日では近世社会の中で仏教の果たした大きな役割が認められてきている。確かに中世の寺社の政治的、軍事的な力は信長・秀吉によって大きく削がれたが、近世においても、寺社は広大な領地を有し、僧侶や神官は士農工商の秩序の中に入らず、寺社奉行の管轄下に置かれて特別視された。その代わりに戒律を守ることが求められ、一向宗（真宗）を除いて妻帯は禁止された。宗門改めから宗旨人別帳によって住民はいずれかの寺院に所属することになり、寺院数も増加し、仏教は地域に根ざして、人々の間に定着することになった。国教的地位を確立することで、「日本は神仏の国」ということが、キリスト教を排撃する理論的根拠とされた。

この体制は幕末まで続くが、儒教や国学・神道の台頭と排仏論の盛行によって、次第に思想界における仏教の主導性は揺らぐようになっていく。仏教思想のほうも、文化の質の変化に伴い、方法や問題意識を大きく転換するようになる。とりわけ文化の変質に大きな影響を与えたのは、印刷文化の普及である。中世は写本の時代であり、テキストの普及は限定的で、直接の人間関係に依存していた。写本の伝授は秘儀化し、テキストは流動的で必ずしも本文は確定できなかった。中世における本覚思想の盛行は、このような秘儀的な写本文化に依存するところが大きい。

近世になると、印刷文化の普及に伴い、文化の質は大きく転換する。近世初期の出版は仏書が圧倒的に多く（万波、二〇一八）、とりわけ鉄眼道光（一六三〇～八二）による鉄眼版（黄檗版）大蔵経が出版されて普及し、写本文化は一気に印刷文化に転換した。大蔵経が各地の主要な寺院で閲覧可能となり、原典に基づく研究が可能になった。また、新しい著作も写本ではなく、刊本として一度に多くの読者に公開されることで、正確なテキストの読解と、合理的な推論が求められ、その論拠をめぐって論争が可能となった。

こうした中で、秘儀化した伝統を批判し、正統とされる仏典に立ち戻り、ひいてはインドの釈迦にまで戻ろうという原点回帰の運動が広範に共鳴を得るようになった（末木、二〇一〇）。それは、儒教における古学や国学における古典学に通ずるものである。その先頭に立ったのは、安楽律を主唱した天台宗の霊空光謙（一六五二～一七三九）であった。霊空は、教学的には中世の本覚思想的な動向を批判し、中国天台の正統とされる宋の四明知礼の教学に戻るべきことを説いた。同時に最澄以来の大乗戒から

『四分律』の具足戒を採用すべきと主張した。これは、これまでの仏教の日本化に対して、もう一度グローバルな基準に仏教を立ち返らせる運動であった。

安楽律運動は、天台宗トップの輪王寺門跡を巻き込む騒動となり、ひとまずは安楽派が勝利したが、後に改めて円頓戒復興運動が起こり、巻き返した。その論争は、グローバルな仏教か、それとも日本化した仏教かという大きな問題を提起した。

安楽派の活動は、その後の仏教界に大きな影響を与えた。文献主義の巨人鳳潭僧濬（一六五四〜一七三八）も霊空の講義に列席している。戒律面では、浄土宗の徳門普寂（一七〇七〜八一）に継承される。普寂もまた『四分律』の具足戒を採用するが、そこには同時に小乗の再評価が重なっている。普寂によれば、小乗が堕落して大乗が興ったが、大乗もまた堕落したので、もとの原始的な仏教に戻ることが必要とされるというのである（西村、二〇〇八）。その後、さらに慈雲飲光（一七一八〜一八〇四）が現われ、戒律も含めて釈迦の仏教を再興する正法運動を興し、インド仏教研究のために、乏しい資料を使いながら、サンスクリット語研究にまで手を付けた。

こうした仏教界の原点復帰運動は、同時に他方で日本のナショナリズムの動向とどう関わるかという問題を生ずる。近世の後期、一八世紀後半から一九世紀になると、水戸学や国学・神道から強いナショナリズムの主張がなされ、社会的に広く受容されて、明治の王政復古に繋がる。その中で、仏教は外来の宗教として排撃されるようになった。慈雲は晩年、雲伝神道によって対応を図った。幕末になると、仏教界もまた護国攘夷の運動に積極的に関わるようになった。

4　日本型近代国家の中の仏教

明治維新は当初、平田派の神道を採用し、神祇官を復活するとともに、神仏分離令を発した。これは、廃仏毀釈の運動を招いて、仏教界に大きな打撃を与えた。しかし、明治初期の宗教政策において仏教がまったくの被害者であったかというと、そう単純でもない。討幕の中心となった長州藩は西本願寺の勢力が強いところで、実際、西本願寺が討幕に加担している。真宗には神祇不拝の伝統があり、神仏習合に批判的であり、したがって、廃仏毀釈はともかく、神仏分離は真宗としても反対ではなかったと思われる。

その後、初期の神道国教化政策が後退する中で、教部省のもとでは、神官とともに仏僧も国家の教導職として採用する政策がとられた。しかし、それに対して、西本願寺派の島地黙雷らが反対して、真宗諸派が離脱することで挫折した（一八七五年）。その結果、仏教は国家を離れて民間の一宗教となった。

その間、戒律史上大きな転換点となったのは、僧侶の肉食・妻帯・蓄髪自由の太政官布告が出されたことである（一八七二年）。近世には、仏教者は四民の中に入らない特別の聖なる存在とされていた。明治政府はその特権を剥奪し、僧侶もまた平民として一般の戸籍に編入することを意図した。僧侶は特別の聖職者ではなく、世俗の職業となり、納税・徴兵などの義務も生ずる。こうしてもはや戒律の厳守は社会的にその意味を失うに至った。

この点でも真宗が先行している。近世にも他の宗派が妻帯を禁じられていた中で、真宗のみは妻帯が認められていた。それは、宗祖親鸞に倣うものである。真宗では得度はあるが、授戒はなかった。僧侶が世俗の職業となり、普通に家庭生活を営むようになると、寺院の実質的な世襲性が一般化する。寺院の役割は、近世のような広範な住民把握という意味を失い、檀家の葬式と法事、墓地の管理が主となり、葬式仏教と呼ばれるようになった。

葬式仏教というのは軽蔑的な呼称であるが、それを引き受けることで、近代社会の中で仏教は生き残り、勢力を保持することができた。葬儀と墓地の管理は宗教にとって非常に重要な要因であり、幕末から維新期に仏教を廃し、神道を国教化しようとした神道家たちは、神道式の葬儀である神葬祭の方式を定め、普及させようとした。明治初期には、政府は神葬祭用の墓地を用意したり、火葬を禁止して仏式の葬儀に打撃を与えようとした。東京の青山墓地はもともと神葬祭用の墓地として用意されたものであった。しかし、政府中枢の政治家たちは必ずしも神道国教化策に熱心でなく、成功しなかった。最終的に、国家神道の確立の過程で、神道式の祭祀はあくまでも天皇家のものであるから、一般の国民の神葬祭は禁止されることになった（一八八二年）。

神葬祭運動の失敗で、葬式仏教が近代社会の中で大きな役割を果たして定着することになった。日本の近代国家は天皇を頂点とする一元構造を取り、強力な中央集権体制で欧米国家と肩を並べようとした。その体制は基本的に家父長制体制であり、家父長的家族倫理を国家に拡張する形で、国の家父長たる天皇の権威が絶対化された。その中で、神道は天皇家の祖先崇拝として再編成され、国家神道として国家に吸収された。

ところが、一般国民の家の祖先崇拝については規定がなかった。家父長体制では、長男が家父長として家督を相続するが、その象徴となるのが墓と位牌である。墓と位牌をどのように祀るかは自由であるが、実質的には多くの家では寺院に付属する墓地に墓を設け、位牌は仏壇に祀ることになった。そこで、葬式や法要も仏寺が担当することになり、葬式仏教が確立することになった。

確かに近代になって、仏教界は優れた人材を欧米に留学させ、日本の仏教学の水準は世界的にも非常に高いものとなった。また、禅や浄土教は知識人に受容され、京都学派をはじめとして、哲学者たちが日本独自の哲学を構築する上でも仏教の影響が大きい。しかし、こうした上部構造の知的な活動が可能になったのも、下部構造を支える葬式仏教によって仏教界の経済基盤が安定していたからであった。

5　これからの仏教

第二次世界大戦の敗北により、民法が改正され、家父長的家族制度は解体することになった。しかし、実際に葬式仏教が解体していくのは一九七〇～八〇年代くらいになる。核家族化が進み、人口が首都圏に流入して、次第に菩提寺との結びつきが薄くなった。その後、急速な少子高齢化の進行で、葬式が簡略化し、直葬と言われるように、寺院を介さない葬儀も多くなった。また、墓の維持が困難になり、墓じまいといわれるような現象が多く見られるようになった。自然葬のように、はじめから墓を設けない場合も少なくない。こうして、葬式仏教に依存して経済を維持してきた仏教寺院は急速に困難に直面するようになってきている。過疎地の寺院を中心に廃寺や無住化が進んでいる。

このように葬式仏教に依存する体制が困難化する中で、仏教の社会活動を活発化させ、社会参加仏教と言われる形態を推進する動きが盛んである。とりわけ東日本大震災の後では、多数の死者の供養や、生存者の精神的なケアに仏教者が積極的に取り組んでいる。東北大学に実践宗教学講座が開設され、臨床宗教師の養成が行われるようになった。そうした積極的な活動は、仏教の新しい可能性を開くものではあるが、それが葬式仏教に代わって寺院の経済基盤となることは困難であろう。

思想面で仏教が果たす役割は、これから大きくなっていくであろう。近代は、非合理的な問題を隠蔽することで世界を合理化し、死を排除した世界観を築いてきた。その中に仏教も取り込まれ、葬式仏教を隠蔽し、死後の世界の問題には極力触れないことが続いた。しかし、今日そのような近代的世界観の限界が露呈し、新しい世界観の構築が不可欠となっている。早くから死者と関わり、死後の世界を論じてきた仏教に新たに光が当てられるのは、当然であろう。

近代哲学では、固定した時間・空間を前提とするニュートン力学に基づいて、カントの理性批判が確立された。しかし、相対性理論と量子力学によって明らかにされた世界は、はるかに流動的で、古典的な哲学では理解しがたいものとなっている。カントが問うことを禁止した世界の始まりや終わりは、今日科学的に問うことができる問題となった。最先端の科学は、仏教の説く世界観と極めて近いものとなってきている。

（本稿は、末木、二〇一〇、二〇二〇、頼住・末木、二〇一八の末木執筆部分によるところが多い）

◎参考文献

恵谷隆戒『円頓戒概論』、大東出版社、一九八八年
黒田俊雄『日本中世の国家と宗教』、岩波書店、一九七五年
佐々木閑『インド仏教変移論—なぜ仏教は多様化したのか』、大蔵出版、二〇〇〇年
下田正弘『仏教とエクリチュール—大乗教典の起源と形成』、東京大学出版会、二〇二〇年
末木文美士『近世の仏教——華ひらく思想と文化』、吉川弘文館、二〇一〇年
末木文美士『日本思想史』、岩波新書、二〇二〇年
西村玲『近世仏教思想の独創——僧侶普寂の思想と実践』、トランスビュー、二〇〇八年
平川彰『初期大乗仏教の研究』、春秋社、一九六八年
船山徹『梵網経——最古の形と発展の歴史』、臨川書店、二〇一七年
万波寿子『近世仏書の文化史——西本願寺教団の出版メディア』、法藏館、二〇一八年
頼住光子・末木文美士編『日本仏教を捉え直す』、放送大学教育振興会、二〇一八年

神道における宗教性と変容

伊藤聡

はじめに

津田左右吉（一八七三〜一九六一）は、神道に関する学術研究の古典ともいうべき『日本の神道』（津田、一九四九）において、従来「神道」とよばれてきたものが、いかに中国的・仏教的要素を帯びているかを、古代から近代に至る具体的な文献資料に即して緻密に辿ってみせた。かかる作業を通じて津田は、それらの仏者・儒者・国学者による神道説が、「民族的風習としての神の信仰と崇拝」としての神道とはまったく無縁であるということを明らかにしようとしたのである。[1]

津田ばかりでなく、神道に対する外来思想・宗教の影響はあくまで表層的であって、深層にあるコアな部分は変わらないとする主張をなす者は多い。[2] それに対して私は、中国思想や仏教思想などの外来的要素なくして、神道は存在しえないと考える。神道とは、日本列島の風土において自然的に発生した原始信仰の残存ではない。中国大陸や朝鮮半島からの外来文物を、つねに受容しながら自国文化を形成してきた日本のなかにあって、〈固有〉なるものとして見いだされた信仰体系である。ただし、その〈固有〉なるものとは、もとからあったのではなく、外来文物に対抗して作為的に創出されたものにほかならない。ゆえに、それ自体の内部に外来要素を多く含んでいる。それにもかかわらず、〈固有〉であることが強調されるところにこそ、単なる日本土着の民族宗教という説明には収まらない神道の特徴がある。

右のような観点から、以下、神道の形成と変容の軌跡を、古代、中世、近世、近代と辿っていきたい。

1　カミ信仰の形成――古代

それまでの自然崇拝から、現在の神道につながるカミ信仰へと変容を遂げるのは、八～九世紀のことである。この時期の重要な変容は、以下の三つである。

まず第一は律令体制の確立に伴い、諸処で行われていた祭りを、中国の祠令をモデルとして、王権・国家の祭祀として組織化したことである。〈タマ〉〈チ〉〈ミ〉などとともに、さまざまに呼ばれていた在地の霊的存在の呼称のひとつだった〈カミ〉は、律令において中国の「神祇」（天神地祇）観念と重ねあわされることで、日本の神霊呼称を代表するものとなったのである。ただし、カミとその他の霊格との境界の曖昧さは、その後も残った。だから、実際のカミ信仰において、モノ・オニなどの近接する存在と区別がつかない場合が多い。目に見えないこと、直接接触することはできず夢告や憑依という方法をとること等、カミとこれらとは共通するところが多く、顕現したものが何なのかは、普通の人にはわからなかった。

第二にホトケとの区別が明確となった一方、両者の関係が問題となったことである。六世紀に仏教が伝来したとき、ホトケは外国のカミ（蕃神）として受容されたが、次第に両者が異質であることが周知されるようになった。ただ、七世紀段階においては、ふたつの信仰は併存して相互に干渉しあうことはなかった。ところが、八世紀に入り、律令体制が確立していくとき、仏教がカミ＝神祇とともに鎮護国家の要となった結果、両者を有機的に結びつけることが必要になった。その結果現れたのが、仏法に帰依するカミ、すなわち神身離脱を願う神と神宮寺の登場である。これらは神仏習合の初期現象として知られる。かつて神身離脱は、仏教の在地社会への浸透に伴って自ずと発生した現象とされていたが、近年では国家が政策的に推進していたという説が有力になりつつある（中林、二〇〇七）。また、神身離脱の観念はカミの人格化を促進し、同時に人が神格化される道を開いていった。そのはじまりが御霊信仰で、怨霊（特に手のつけられない強力な場合）がカミと同じように祭祀の対象となっていく。

第三に朝鮮半島や中国大陸からの新しい神格や信仰が日本に定着し、これらが日本のカミ信仰の重要な構成要素となっていった。道教の影響が、比較的早い段階よりカミ信仰のなかに入り込んでいたことは戦前から指摘されていたが[3]、このことは近年の研究によってさらに明らかにされつつある（和田、一九九五）。また、後年には衰退したが、「漢神」という牛馬を生け贄に求める大陸由来のカミへの信仰が、七・八世紀に広範に行われていた（下出、一九七二）。そのほかに、中国では死霊を指し疫病を引き起こす存在だった「鬼神」が、日本へ移植されてカミやモノ観念と接触し、「オニ＝鬼」になった（吉田、二〇一六）。また、中国では妖星であった「天狗」は、日本に入ってから仏教の「魔」と習合して日本独特の「天狗」が生まれた。天狗は一種の死霊であり、御霊・怨霊神の一角を占めるようになる。

このように、在地・外来さまざまな出自を持つ霊格によって、日本のカミの世界は作られているのである。

2　カミ観念の変容と「神道」の成立——中世

中世になると、本地垂迹説と中世神道説がカミ観念をさらに変えていった。元来、カミが管轄するのは、その支配領域及び所管の氏族の安楽・安寧であって、人間個々人の救済には関与しない。それを担ったのはもちろん仏教だった。ところが、カミを以て仏菩薩の垂迹とする信仰が拡がるにつれ、その性格について従来とは異なる理解が生まれてきた。すなわち、仏菩薩と同様の衆生利益の役割をカミに期待するようになってきたのである。その結果、個人祈願のための神社参詣や奉幣が行われるようになる。さらには、神前や床下に参籠して夢告を受けようとする人々が現れた（黒田、一九九九）。

人々が神々に期待したのは、基本的には現世利益であるが、一部のカミに対しては、来世における救済までも祈願するようになる。たとえば、『続本朝往生伝』[4]には、真縁という聖が、阿弥陀を本地とする石清水八幡の夢告を受けたことで、往生人としての資格を得るという説話がある。また、春日神の場合、「慈悲万行菩薩」というホトケでもあり、春日浄土という擬似的な浄土世界を持っていた（永島、一九六八）。この浄土は、釈迦信仰と結びつくと春日山は霊山浄土となり、弥勒信仰と結ぶと兜率浄土と見立てられた（厳密には地上におけるその出張所）。ただ春日浄土は、万人に開かれた浄土ではなく、興福寺関係者のためのものだった。この辺りはカミ本来の性格が引き継がれているといえよう。

鎌倉時代に入り、伊勢神宮や日吉山王を中心に、今日「中世神道説」とよばれる動きが起こる。両部神道、伊勢神道、山王神道である。これらは、それまでの本地垂迹説を踏まえ、密教・天台・禅の用語を用いて教説化を目指したものである。そのなかでカミ観念自体もおおきく変わった。その最大の変化は、元来、外界にあったはずのカミを、個々の心の中に見いだすようになったことである。これは本有・本覚思想の応用で、カミをホトケが心内に垂迹した存在と捉え、神と人（心）とを一体のものと考えたのである（伊藤、二〇一六）。

かかる心＝神観の登場によって、神官などの祭祀従事者には、それまでの外面的な清浄性（外清浄）とともに内面においても清浄を保つこと（内清浄）が要求されることとなった。その具体的態度が「正直」である。この語は、中世近世を通じてカミを前にしたときの必須の徳目とされるようになる。これを契機としてカミが人間道徳の管理者と見なされるようになっていくのである（伊藤、二〇二〇a）。

本地垂迹説や中世神道説において、カミが衆生救済の役割を担い、さらに道徳性も備えるようになったことは、ホトケによって包摂されていたカミが自立する起点となった。一四世紀半ばになると、本地

＝ホトケ、垂迹＝カミの主客関係が揺らぎ、カミを本地、ホトケを垂迹とする神本仏迹説も現れてくる。また、このころより神道独自の流派が形成されてくる。三輪流神道や御流神道等である。ただ、これらは密教法流のなかの神道の専家であって、仏教から完全に切り離された存在ではなかった。

心＝カミ観は、一五世紀半ばの吉田神道において、さらになる変容を遂げる。その創唱者である吉田兼倶（一四三五～一五一一）は、『唯一神道名法要集』及び『神道大意』のなかで、神（＝霊＝心）が天上と地上と体内に遍満していると説いた。三九妙壇十八神道と称する彼の理論は、近世以後の神道論の基礎となった（伊藤、二〇二〇ａ）。兼倶はまた、心＝カミ観を応用して死霊をそのままカミとして祀ることを始めた。これがその後の神道流の死者儀礼となる。

吉田神道の理論は、前代までの両部・山王神道や伊勢神道の説を濃厚に受け継いではいるが、組織としては仏教の諸流派や宗門とは無縁だった。このことが神道を仏教から独立させる契機となったのである。

3　神道の道徳化と天皇教への道——近世

織豊時代から江戸初期にかけて、吉田神道に対する認知が拡がる一方、儒教の影響を受けた儒家神道が興こった。

本来、儒教が在地信仰と特別な関係を取り結ぶ必要などない。しかし、日本の儒者の多くは、儒教と神道とを関係づけることを指向した。その背景には、近世日本社会において儒教の地位が不分明だったことがある。幕藩体制は儒教を体制の教学として取り入れたが、科挙制度がない日本において、その支配層たる武士には不可欠の教養たりえなかった。儒者自身の地位も、武士身分の内部に位置づけられず、少なくとも江戸時代当初にあっては、御伽衆や芸能者、あるいは僧侶に近い存在だった。僧籍に入るのを厭って儒者となったはずの林羅山が、家康に仕官する際に、剃髪して「道春」と名乗ることを強いられたのが象徴的である。[6]

そこで、儒者たちは、儒教の日本における必要性を起源論的に証明しようとした。そのときに見いだされたのが神道である。長い間神道は仏教との関係において形成されてきたものだったのだが、都合のよいことに、近世初頭の神道は、吉田神道によって仏教的要素が引き剥がされ、代わって儒教や道教の要素が付加されていた。儒者たちは、この吉田神道の教理を基礎として独自の神道説を構築していった。具体的には、たとえば三種神器は智仁勇を象徴しており、かかる徳目は儒教伝来以前から神道として根づいていたなどと主張したのである。神道者の側も、残存する神仏習合の影響から離脱するために儒教との共通性を強調していった。このようにして、儒者と神道者とが共働するかたちで儒家神道が形成されていったのである（伊藤、二〇二〇b）。

儒家神道は、吉田神道を継承しつつも、ふたつの要素をあらたに加えた。第一には、吉田神道には希薄だった人倫的・道徳的傾向の強化である。具体的には中世に見いだされた「正直」を中心に置くが、本来神前における態度を指したこの語が、人間生活全般にわたる徳目のひとつに昇格していく。第二に、政治哲学化を指向したことで、具体的には「神道即王道」を主張した。このことが神道を天皇教とする下地を作っていくことになった。

ただ、儒者と神道家の間には次第に亀裂が生じてくる。焦点となったのは、儒教―神道の関係と中国―日本との関係のずれである。儒者は神道を以て儒教の分流であること主張するが、神道は中国に対する優越を説く。神道家は王朝交替を繰り返す中国に対し、神孫である王統が代わることなく継続していることを、日本が道徳的に優位であることの理由とするのである。

また、多くの和漢の諸典籍が出版されるようになり、それと連動する形で文献実証学が発達し、その結果仏典や道家文献の切り貼りで成り立っている中世神道書の虚構性が明らかになっていった。しかし、それは、骨格部分を中世神道によっていた儒家神道諸派の教理の根底を揺るがすことも意味した。しかのみならず、たとえば垂加神道が依用した忌部神道や橘家神道の伝書などは、古代氏族の秘伝とされてはいるが、実際には近世初期に偽作されたものであって、中世にすら遡りえないのである（伊藤、二〇二〇d）。

このようなことを踏まえて、儒家神道を徹底的に批判したのが、荻生徂徠や太宰春台などの徂徠学派である。彼らは「神道」の道とは「巫祝の道」を吉田神道が附会したものにすぎず、聖賢の「道」とは何の関係もないと指摘し、日本人は儒教が伝来したことで「道」の何たるかを悟ったのだと主張した（齋藤、二〇一九）。

徂徠学派による批判の影響は大きく、垂加神道に批判的な神道家を中心に同調者を生み出したが、最も大きく影響されたのは国学者である。彼らは太宰春台の『弁道書』に反発して、激烈な批判書を著すが、その一方で、この批判を取り込んで、儒教と神道を切断して、日本固有の道を指向したのである。賀茂真淵は、神道のなかに儒教と近似する徳目が内在していたという儒家神道の説を逆手に取って、日本では五倫・五常などと言挙げしなくてもそのような徳性が自ずから備わっていると主張した。さらに本居宣長はこのように言表化することを「からごころ」として批判したのである。

このような中国的ものを排除する態度は、学問である国学にとっては遂行可能だが、宗教である神道では難しい。そこで、儒教的徳目を天皇と接続して日本的に粉飾しながら、新しい神道の形、即ち天皇教（「皇道」）としての神道が主張されていくことになる。そのときに大きな影響を与えたのが、後期水戸学である（尾藤、二〇一四）。水戸学自体は幕末水戸藩の大混乱のなかで自壊してしまうが、その思想は復古神道の思想へ取り込まれ、近代神道（国家神道）の主要器官のひとつとなった。

4　国家神道の時代——近代

近代神道の歴史は、神道の国教化から始まる。明治維新とともに、祭政一致の制に復すことが宣言せられ、神祇官が再興された。それと同時に出されたのが、神仏分離令とキリシタン禁止令（幕府の施策の継承）である。この動きは、神道の国教化に向けて他宗教の廃絶を企図したものだった。特に神仏分離令は、廃仏毀釈をもたらし、全国規模の仏教遺物・施設の破壊・流出が起こった。そして、明治三

（一八七〇）年一月には、「大教宣布」が発せられ、神道国教化への第一歩を踏み出した。葬送儀礼についても、仏葬から神葬への切り替えが一部地域で行われ、また仏教に由来する火葬が禁ぜられた。死を管理することが、神道が国教となるための前提だったからである。

ところが、国教化への試みは結果的には挫折してしまう。近代化を指向する明治新政府にとって信教の自由は、望むと望まざるとにかかわらず不可避だったし、廃仏毀釈が生みだした神仏両派の対立激化も未だ脆弱な新政府にとって望ましいことではなかったからだ。そして何より、それのみ単独で人の生と死の全体を包み込むような発達した宗教としての要件を、神道が満たしていなかったからである。

神道の国教化への試みは断念されたのだが、それは別の形で実現されていった。すなわち、神社を国家管理のなかに組み込む一連の施策である。民間で維持されてきた神道儀礼は、宮中祭祀・伊勢祭祀を中心に再編成された。また、南朝の忠臣や戊辰・西南の役の官軍の戦死者といった、国家に殉じた者を祭神として祀る神社が新しく建立された。後者が東京招魂社、後の靖国神社である。教義に相当するものは、明治二二（一八八九）年発布の大日本帝国憲法の翌年に出された教育勅語において現れた。教育勅語は、教育の淵源を「国体ノ精華」に求め、天皇と国民を擬制的な親子関係を以て国体とする。国体とは水戸学において強く主張されたもので、何らかの理念や理想を掲げるのではなく、日本固有であること自体を最高価値とする観念である。この国体観念に基づいて、日本に〈固有〉の神社神道の本質を祭祀とみなし、宗教ではないとした（神社非宗教論）。これが後に「国家神道」とよばれるようになるものである。

国家神道は、昭和に入ると国民に対する強制力を強め、キリスト教や新宗教の信者に対する神社祭祀への従属を強要した。日中戦争が拡大する昭和一五（一九四〇）年、神祇局は神祇院となり、戦時体制下の国民動員に大きな役割を果たす。しかし、昭和二〇年の敗戦の結果、国家神道体制は瓦解する。神社神道は国家との結びつきを断たれ、一応消滅した。

民間の一宗教となった神道は、戦後社会のなかで、自然と融和した素朴な習俗・信仰という面が強調されていく。そして、国家と一体化した戦前の国家神道は、神道本来の姿ではないと主張された。ただ、靖国神社や護国神社などの「戦争神社」は、そのような説明だけでは当然ながら済まされなかった。そこで強調されたのが〈慰霊〉である。靖国神社はGHQによって廃止されようとした。そのとき柳田国男の「祖霊信仰」論を取り込み、靖国の祭祀が、国家に殉じた者への顕彰（祭神化）ではなく、鎮魂・慰霊を主たる目的とするものと読みかえた[7]。それを体現しているのが、一九四六年七月に長野県の遺族会が靖国境内で挙行した、戦死者慰霊のための奉納盆踊りに端を発する「みたま祭」である（所、二〇〇七）。靖国に参る遺族が元々抱いていた慰霊・鎮魂の感情に神社側が便乗し、それに身を添わせることで自らの延命を図ったのである。そして、それは成功したのである。

このようにさまざまな方法で戦前との差異化が図られているが、実際のところ現代の神道の枠組は、明治時代に再編されたものが踏襲されており、近世以前の神道が復興したわけではない。神道一色に塗り替えられた皇室儀礼はそのままであり[8]、維新時に変更された多くの神社の祭神が元に戻ることもなかったのである。国家・天皇と密着することが神道のあるべき姿だという人たちが今なお少なくないのは、現状において戦前のそれと本質的変わっていないことを知っているからであろう。現代の神道は、国家神道の残滓と素朴な自然宗教という装いの狭間で存立しているのである。

おわりに

如上述べ来たったことをまとめれば以下のごとくである。「神道」とは、外来思想に接触し摂取することでその形を表したものである。古代において自然信仰が、仏教や中国の祭祀制度によって外形を与えられることで原型が作られ、中世に至って密教・天台・禅などの仏教教理を組み込むことで思想的内実を備えるようになった。さらに近世には儒教と結びついてその道徳・倫理観を接取することで宗教としての結構を整えたのである。加えて、近世中期からは和学・国学より発する日本主義と結びつけられ、これが近代に至るや天皇制国家の国民統合のためのイデオロギーの一翼を担うようになった。そして、現在に至る戦後社会では、戦後の日本人の自己像に相応する自然環境との調和を指向する信仰と、明治以来の国家イデオロギーという二つの顔を持ち、両者のバランスの中で存続しているのである。

日本における〈固有〉なるものへのオブセッションは、伝統的には「神道」と「和歌」に集約される。[9]しかし、神道も和歌も外来文物への対抗的形成物であったから、常に相手の存在を前提とした。和歌においては詩（漢詩）をその美意識を確立するために必要としたように、仏教や儒教なくして、神道は自立した信仰として存することはできなかった。このことは、儒・仏と習合していた近世以前はもちろん、近代以後とて同様である。「神社非宗教論」にもとづく「国家」神道は、依存すべき他者を常に必要とした神道だからこそ成立しえたのである。

では、民間宗教のひとつとなり、国家・天皇との関係も間接化された現代の神道はどうなのであろうか。二一世紀の今日、衰退期に入っている日本では、その反動として、日本の文化・伝統への無批判な賛美が起こり、他方で隣国への嫌悪・憎悪が瀰漫している。かかる風潮において神道は、日本賛美とゼノフォビアの表徴としてまさに利用されようとしている。我々はこのことを注視していかなくてはならない。

◎注

1　津田には日本神話から中国思想に至る幅広い業績があるが、彼がそれらの中で一貫して主張していたのは、日本文化と中国文化とはまったく異質であり、中国の文化・思想が日本にどれほど移入されたとしても、日本人一般の実生活とはかけ離れたものだったということである。本書もまたそのことを証明すべく書かれたもののひとつであった。

2　たとえば、石田一良「神道の思想」（『神道思想集』筑摩書房、一九七〇）の「神道着せ替え人形説」や、堀一郎「日本文化の潜在意志としての神道」（『聖と俗の葛藤』平凡社、一九七五）の所論など。

3　黒板勝美「我が上代に於ける道家思想及び道教について」（『史林』八―一、一九二三）、小柳司気太「道教の本質と其の本邦に及ぼせる影響」（『東方文化』二、一九三七）がその代表的論文。これらの論考は野口鐵郎・酒井忠夫編『選集　道教と日本　第一巻　道教の伝播と古代国家』（雄山閣、一九九六）に収められている。

4　大江匡房が撰述した往生人の伝記集。康和年間（一〇〇九～一一〇三）の成立。

5　なお、春日山の下（あるいは背後）には地獄（あるいは魔界）があり、これらも彼らの専用だったという。
6　『羅山先生年譜』慶長一二年条。
7　柳田は実際に、靖国神社存続のためにさまざまな助言を行っている。詳しくは（所二〇〇七）参照。
8　現在の宮中三殿は近代の産物である。三殿のうち賢所は内侍所の後継だが、神殿のように全国の神々を祀ることは前近代にはしなかったし、皇霊殿のような神武以来の歴代天皇を祀る施設もなかった。
9　近年ではほかに縄文文化が、固有性をめぐってよく採り上げられる。「縄文文明」などとという呼ぶ者もいる。

◎参考文献

伊藤聡『神道の形成と中世神話』、吉川弘文館、二〇一六年
伊藤聡『神道の中世――伊勢神宮・吉田神道・中世日本紀』、中央公論新社、二〇二〇a年
伊藤聡「カミと神道」日本思想史事典編集委員会偏『日本思想史事典』、丸善、二〇二〇b年
伊藤聡「中近世の「神道」」伊藤聡、吉田一彦編『日本宗教史3　宗教の融合と分離・衝突』、吉川弘文館、二〇二〇c年
伊藤聡「忌部正通『神代巻口訣』と忌部神道」山下久夫・斎藤英喜編『日本書紀一三〇〇年史を問う』、思文閣、二〇二〇d年
黒田龍二『中世寺社信仰の場』、思文閣、一九九九年
齋藤公太『「神国」の正統論――『神皇正統記』受容の近世・近代』、ぺりかん社、二〇一九年
下出積與『日本古代の神祇と道教』、吉川弘文館、一九七二年
津田左右吉『日本の神道』、岩波書店、一九四九年
所功「靖国神社のみたま祭の成立と発展」『明治聖徳記念学会紀要』復刊四四、二〇〇七年
中林隆之『日本古代国家の仏教編成』、塙書房、二〇〇七年
永島福太郎「春日信仰――春日大社の歩み」『奈良　春日野』、淡交社、一九六八年
尾藤正英『日本の国家主義――「国体」思想の形成』、岩波書店、二〇一四年
吉田一彦「多度神宮寺と神仏習合」梅村喬編『古代王権と交流4　伊勢湾と古代東海』、名著出版、一九九六年
吉田一彦「アジア東部における日本の鬼神――『日本靈異記』の鬼神の位置」『説話文学研究』五一、二〇一六年
米原謙『国体論はなぜ生まれたか――明治国家の知の地形図』、ミネルヴァ書房、二〇一五年
和田萃『日本古代の儀礼と祭祀・信仰』中、塙書房、一九九五年

渡辺浩『東アジアの王権と思想』、東京大学出版会、一九九七年

ロシア正教と大地性

山内志朗

はじめに

神田駿河台にあるニコライ堂は、日本における正教会の首座である。ギリシア正教やロシア正教という歴史的な錯綜の上に成り立つ正教会を宗教性の変容という観点から見た場合、何を現在の我々に伝えてくれるのだろう。

さて、宗教の形を分類する方法はいろいろ考えられるが、神という超越者の方ばかりでなく、大地との親和性で考える道もあるように思われる。アブラハムの神を共通に奉じるセム系の宗教（ユダヤ教、キリスト教、イスラーム）は、土から人間が生じたという枠組みを持ちながら、大地との親和性は多くはない。そのなかでも、イスラームは、和辻哲郎の『風土』以来、砂漠の宗教として整理されることもあるが、基本的には都市の宗教としての側面が強い。大地や土は身近でありながらも、概念として組み込まれやすかったわけではない。

大地との親和性から考えるということは、一神教か多神教か、西洋か東洋かという枠組みから外れるものかもしれない。そしてこれこそ、イスラーム哲学に通暁し、日本、中国、ロシア、西洋思想、インド思想のすべてを踏破し、独自の神秘哲学にまとめ上げた井筒俊彦が一貫して追求した道筋だと思われる。「土」は、様々な宗教において主要な契機となるものではない。しかし、諸宗教に通底する枠組みを追求した井筒は、「土」というエレメントを表立てはしないながらも、それを根底にいつも鳴り響かせていた。

「土」というエレメントが有している哲学的枠組みは何なのだろうか。フランスの科学思想家ガストン・バシュラール（一八八四～一九六二）は「土」というエレメントを考察した際に、あくまで大地として、岩石を基盤とする堅固なる大地として考えた。そのため、石化（petrification）、化石となること、硬直化することが基本的イメージとなる。バシュラールの描くイメージは、氷河によって表面の土が削り取られた、石灰岩を基層とするヨーロッパの風土に根ざしているように思われる。私が追求したいモチーフはこれではない。それでは宗教性との結びつきが薄いからだ。

逆に大地の方を土として捉える流れがある。その場合、「土」の本質直観はまったく別の方向に展開していく。こちらこそがここで注目したい論点である。

岡田重精の『古代の斎忌――日本人の基層信仰』（国書刊行会、一九八二年）という名著がある。そこでは「ゆゆし、いみじ」といった語の語根として現れる「ゆ、い」といった不気味なものへの表象が、ルドルフ・オットー（一八六九～一九三七）の『聖なるもの』（岩波文庫、二〇一〇年）のヌミノーゼと重なる様子がうかがわれて、興味深い。

「イミ」ということには、神聖清浄なるものに至る手続きや儀式が含まれている。『古事記』において、大山津見の神と野椎《のづち》の神に由来する様々な神々は、汚物や排泄物から生まれている。神聖清浄と不浄なるものは、乖離した二元論的なものではない。聖なるものと不浄なるものとは、対立しているというよりも、日常性と区別される外部・異界として同一のものなのである。ここでの問題は、内部と外部を区分する「閾」ということだ。

両者の閾を秩序なく侵犯するものは罪をおかすことになるが、閾として成立している中間的領域こそ、「ユユシ」と言われる世界であり、それを司る儀式が「祭り」であった。

「穢れ」には死をめぐるもの、出産をめぐるものなど様々にあるが、「穢れ」は日常的に存在し、それは生産性や食物の起源すなわち「サチ」の起源として尊重されるべきものであった。しかしそれ自体では穢れているために、穢れを取り除く（祓浄）必要があった。そのために、禊＝身滌が日常的に必要とされた。

東洋においては、「土」とは不浄のものであると同時に豊穣性の起源としてあった。しかし、西洋において「土」は無価値なるものであった。「土」というエレメントに両義性は与えられていない。しかし、アジアにおいても日本においてもロシアにおいても、「土」は両義性を与えられていて、穢れていると同時に、豊穣性の起源でもある。ここで確認したいのは、内部と外部の「閾」を越えての交換こそ、政治的権威、価値、生命などの起源であるということだ。倫理学は、善と悪の区分を扱う。しかし、重要なのは、善と悪との「閾」を越えての交換であり、その人間的現象を取り仕切るのが古来宗教であった。よって、両義的な「土」が宗教性と結びつくことは不思議なことではない。

1 ロシアと土性

土という物質的なものと、倫理性がどう結びつくのか。西洋哲学には「土とは何か」という本質直観に真摯に取り組もうとする志向性を見だすことはできない。「土とは何か」を考えた哲学者に出会ったことがないのだ。ふと、「土」なき倫理学は可能なのか、と考えてしまう。いや、「土」のエレメントの欠如した倫理学とはどのような資格で倫理学を語るのだろうかとも思ってしまう。なにやら、倫理学に「土」は不可欠だと確信してしまった。

古代ギリシア哲学は世界の構成要素＝エレメントとして地水火風を挙げた。エレメントを「四大」と訳すのは、「地水火風」を指すからだろうが、名づけの順番が面白い。ただし、ここで「土」と言っているのは「大地」のことだ。バシュラールは、地水火風のエレメントのそれぞれについて、人間の想像力の飛翔の様子を博物誌的に調べた。しかしそこでも「土」は「大地」であり、堅固さと静止状態において捉えられている。彼もまた、「土」の本質である「腐敗」を主題化していない。

「土」へのこだわりを見せるとすれば、それはロシアだ。ロシアはヨーロッパに含まれるのかどうか。それは私にはあまり重要な問題ではない。西方のカトリック教会とはかなり異質な東方教会のキリスト教を受容し、地域的にもヨーロッパの辺境の外部にあって、西欧的近代化が遅くやってきた地域をヨーロッパに含めるかどうかは、その土地の人々には重要であっても、世界哲学の見地からは周辺的な問題だ。

ロシア思想の「土」との親近性を示すものは多数存在するだろう。しかし、私は何といっても、ドストエフスキーの『カラマーゾフの兄弟』を挙げたくなる。ドストエフスキー『カラマーゾフの兄弟』のクライマックスにあるのが、アリョーシャによる大地との接吻だ。敬愛するゾシマ長老は聖人としての名声が世に知られる人だった。聖人は亡くなっても腐臭がないという言い伝えがあった。しかし、ゾシマ長老は、死後まもなく腐臭を漂わせ、敵対していたフェラポント神父から「悪魔よ、出ていけ」という呪詛の言葉を投げかけられる。

崇敬していたゾシマ長老が腐臭を漂わせたことに絶望したアリョーシャは嘆き悲しむ。そのあと、普遍的愛に至る媒介の象徴として「一本の葱」の話題、つまり、生きているときに乞食女に恵んだ一本の葱が地獄から天国に救い上げられる絆になるという話題が二度も、つまりグルシェーニカ（町の老商人の囲われ者）の口からと、聖書朗読の中のカナの婚礼に関連して想起されたゾシマ長老の口から語られる。読み飛ばさないようにという作者の親切心だろう。土臭さを風味とし、大地から天に昇る象徴としてであるかのように「一本の葱」が語られる。ここには、具体性において語られる「土の形而上学」が現れている。

アリョーシャは「一本の葱」という象徴を神秘的梯子とするかのように、その後、絶望から歓喜に至る階段を駆け上がっていく。「葱」は土から天に向かって、土と天の絆のごとく伸び育つ作物なのだ。以下のところにドストエフスキーが『カラマーゾフの兄弟』で描こうとしていた中心テーマが表れている。

彼は表階段でも立ち止まらず、早足で下に降りた。歓びに満ちあふれる彼の魂は、自由を、場所を、広がりを求めていた。

彼の頭上には、静かに輝く星たちをいっぱいに満たした天蓋が、広々と、果てしなく広がっていた。天頂から地平線にかけて、いまだおぼろげな銀河がふたつに分かれていた。

微動だにしない、すがすがしい、静かな夜が大地を覆っていた。寺院の白い塔や、金色の円屋根が、サファイア色の空に輝いていた。建物のまわりの花壇では、豪奢な秋の花々が、朝までの眠りについていた。地上の静けさが、天上の静けさとひとつに溶けあおうとし、地上の神秘が、星たちの神秘と触れあっていた……アリョーシャは立ったまま、星空を眺めていたが、ふいに、なぎ倒されたように大地に倒れこんだ。(ドストエフスキー、二〇〇七、第三巻、一〇七頁)

大自然との根源的な親近性が表れている。土とドロにまみれて生活し、それで生計を立て、しかし家に入るときにはしっかりと土とドロとを洗い流し、家の中には土を持ち込まず、そして次の日にはまた土にまみれるという生活は、一日が昼と夜の交替からなるように、土との合一と離脱との交替であり、土とは本質なのか偶有性なのかを問うことが意味を持たないほどに生活に浸透していた。

なんのために大地を抱きしめているのか、自分にもわからなかったし、どうしてこれほど抑えがたく、大地に、いや大地全体に口づけがしたくなったのかさえ理解できなかったが、それでも彼は大地に泣きながら口づけをし、むせび泣き、涙を注ぎながら、有頂天になって誓っていた。大地を愛すると、永遠に愛すると……。

「おまえの喜びの涙を大地に注ぎ、おまえのその涙を愛しなさい……」彼の心のなかでその言葉が響きわたった。何を思って彼は泣いていたのか？（同書、一〇七〜八頁）

ここでの自然は「大地」でなければならない。聖人が死後腐敗臭を放つかどうかを些末なものにしてしまうほどに、自然の自然性が表れている。

アリョーシャは大地に倒れこみ、そして新しく生まれ変わったのだ。ここには、事物としての土だけが問題となっているのではない。ドストエフスキーは、若いころ社会評論において「土壌主義」を名乗り、ロシアの民衆こそ自分の土壌であるという、一貫して貫いてきた思想を作品においても反映しているのだろう。

2　井筒俊彦とロシア

このロシア思想の泥臭さを自分の思想の中心軸に据えたのが井筒俊彦だった。井筒の思想は、渾沌や大地や深淵への一体化と、そこからの逃走という相矛盾する衝動、狂おしいばかりの超越衝動を凝視し続ける。眩暈のあまり吐き気をも催すほどの超絶性こそ、その真骨頂なのだ。

井筒俊彦の本心は初期の著作『ロシア的人間』に明確に表れている。

> カオスは征服はされても死滅したのではなかった。ただ人間的世界の地表から姿を隠してしまっただけである。「一切の矛盾と一切の醜悪の、ぱっくり口開けた不気味な深淵、裏返しの無限性」（ソロヴィヨフ）であるカオスは、今でも依然として地下深いところに生き続け、のたうっているのだ。そうしてこの怪物の気味悪い呻き声は、地の底から浮かび上がってきては人間世界の至るところに暗い否定の影を投げかける。（井筒、二〇一四、四三〇頁）

こういった深淵に対して、人間は身を投げ出したい衝動に駆られる。それが古来神秘主義の契機として見られる「下方への脱魂」（エクスタシス）というものだ。神秘主義的体験は、現実の上に向かう方向ばかりでなく、現実の下に向かう方向にも成立しうるという事実を、宿命的な詩人や思想家たちが身をもって証拠立てていると井筒は書く。そういった系譜を、井筒はソロヴィヨフ、ドストエフスキーに見出す。『カラマーゾフの兄弟』においては、ゾシマ長老の死後にアリョーシャが大地と抱擁するシーンにその思想の顕現がある。

井筒は、こういった「大地回帰性」を否定的に捉えることはしない。ロシア思想家の中でも、井筒はそういった契機をチュッチェフにきわめて強く見出す。チュッチェフという今でもあまり知られていない思想家に対する井筒の思い入れは強く、井筒の原点を、いやそれどころか彼の思想の輻輳点を見出してもよいほどだ。井筒は思想の根源に暗を見出し、それを「絶対に外には見せぬ宇宙の深部の秘密を、禁断を犯してそっと垣間見る、その不気味な一瞬の堪えがたい蠱惑」と表現する。そのような根源的矛盾性は「マドンナの理想を抱きながらソドムの深淵に没溺して行く」という言葉で示される、霊魂の戦慄すべき分裂のなかに見出し、その根源的矛盾性による苦しみを宗教的忘我陶酔にまで高めた系譜を、井筒は追いかける。

3 ドストエフスキーのキリスト教

整理してみよう。イスラーム哲学の深奥を追求した井筒俊彦の思想は、彼の思想の初期のころからロシア的なものと結びついている。チュッチェフへの傾倒に見られるように、大地的なものと結びつくロシア的人間性に激しく反応した。ドストエフスキーの『カラマーゾフの兄弟』『罪と罰』に顕著に表れる大地性と死と再生のモチーフは、イスラームと井筒俊彦とロシア的人間を結びつけるものだ。

このような系譜を重視する必要性は、現代における宗教性の変容を考える場合に何かしらの示唆を与えてくれる。現代は世俗化の時代である。それは合理主義的思考が進展した結果とは思えない。反知性主義が跋扈し、世界各地での内乱やテロリズムの横行を見るとき、これまでの宗教性の変容を見据えることが重要なのだ。そして、その際、この日本において正教会の系譜を見つめることは重要である。そして、その先駆者として井筒俊彦がおり、ひとつの記念碑的建造物としてニコライ堂がある。

繰り返しになるが、正教会の思想史上の歴史的位置づけについて、少しばかりここで述べておきたい。専門家でもなく、中世スコラ哲学を学び続けてきた者が、正教会の系譜の重要性に思い至らなかったことへの懺悔を込めて、わずかでも触れておきたいと思うのだ。

現代の宗教の構図を考える場合、キリスト教とイスラームを対比的に整理する場合が多い。政治的に対立はしていても、宗教的にはおなじアブラハムの宗教、一神教の系譜であって、根本的に対立しているわけではない。しかし実は、キリスト教の内部に大きな幅があって、そこに注目するのは重要な論点になる。その場合、注目すべきひとつの焦点がロシア正教なのだ。

カトリック、プロテスタント、ロシア正教を含む東方正教会というように、キリスト教の三大流派でありながら、日本ではロシア正教はあまり紹介されてこなかった。しかし正教会の系譜が、錯綜した経緯を取り、統一的名称に戸惑いながらも、西欧のカトリック・キリスト教徒とは異質のキリスト教の伝統を忠実に継承していることは注目すべきことなのだ。

アウグスティヌスの思想を基盤としたカトリック神学は、原罪の途方もない負い目、腐敗・崩壊した人間本性、失われた自由、恩寵の絶対性を中心軸に据えた。それは十字架上のイエスによる贖いを賛美するためでもあった。

他方、東方正教会の系譜においては、神化（テオーシス）や、エペクタシス（無限存在に向かっての限界を持たない自己変容・自己超越）ということが重視されるが、そこでは聖霊、エネルゲイア、デュナミス、光といった力動的なものが注目され、しかも神と人間の間には無限と有限という点での差異はありながらも、連続性を重んじる思想が常に流れている。カトリックが、神と人間との断絶を強調し、その媒介としてイエスと教会の役割を重視したのに対し、東方教会では、人間の内なる力動的なものが媒介性の原理となる。

こういった流れが、なぜ大地性と結びつくのかその理路を説明するのは簡単ではないが、大地はすべてのものを分解し、腐敗させ、生物としての同一性を消滅させるエレメントだ。生物の生命は、内部と外部との分離においてのみ成立する。土にかえるとはそういった個体性の消滅を意味するように見える。「死」とは内部と外部の区別の崩壊なのだ。聖霊が果たしていた機能は、子が父のうちにあり、父は子のうちにある（ヨハネ一四・一一）、という聖書の言葉に典型的に見られるように、内部と外部の間の閾が、個体性を失わないまま、乗り越えられることを意味している。これは個体性を融解し、全体性の中に解消してしまう「普遍性」のあり方ではなく、「全一性」という、多様性を解消しない統一性のことである。

4　大地性ということ

諸事物が個体性を失わないまま、ある一者において統一されていること、それはロシアの思想家ウラジミール・ソロヴィヨフ（一八五三〜一九〇〇）において、「全一性」という概念において展開された。この思想の源泉はひとつではないだろうが、少なくとも、東方正教会と関連の深いヨハネス・ダマスケーヌス（六五〇頃〜七五〇頃）が述べた「無限なる実体の海」という神の本質に見出すことができる。その海においては、それぞれの被造物に宿る諸完全性が制限されることもなく個体性を解消しないままひとつに融合しながら存立している。

土の中においても、無数の種類の微生物がそれぞれの種的同一性を失うことなく、存在している。古代から中世にかけての神学者たちが、土の中の生物相を知っていたわけではないとしても、それぞれの個体性や特殊性を失うことなく統一性を実現している事態、ソロヴィヨフが「全一性」と呼び、ヨハネス・ダマスケーヌスが「無限なる実体の海」と表現したことは、「土」というエレメントに表現されている。

もちろん、土と血ということが、ナチズムにおいて表象不可能なる残虐性を引き起こしたことは十分に注意しなければならないとしても、にもかかわらずその契機は、古代から中世、ロシアにも伝わり、井筒俊彦にも流れ込んでいること、そしてそれを様々な形で継承する人は数多く存在することは心にとめておいてもよいことだろう。

この「多即一」という事態は、宗教における根源現象として、姿や用語を変えて、繰り返し表現されてきた。いかに言葉や概念を費やしても捉えきることができないこの中心的事態は、すべての宗教を通じて、変容を遂げながら永遠にとどまり続けるものである。

大地性への希求は、危険な要素を数多く持っている。大地性は熱情だけ激しく持つロマン主義を呼び出し、暴力性へと結びついてしまう事態を招き寄せる。

人間は土地を所有することなどできはしない。大地は自然のものだ。人間のものであるはずがない。にもかかわらず、土地を所有するという法的擬制を信じて、一所懸命を奉じて、国家間においても隣人との境界においても、命を懸けた争いを起こしてしまう。

藤原辰史『ナチス・ドイツの有機農業』という本がある。サブタイトルは、「「自然との共生」が生んだ「民族の絶滅」」である。生物圏平等主義、エコロジー、自然との共生、バイオ・ダイナミック農法、自然と一体化することによる自己実現など、現代でも多くの人々の心をひきつけるキーワードが、ナチスの思想装置には数多くみられる。ナチスの農業大臣ダレエ『血と土』（春陽堂書店、一九四一年）には、「真の貴族は土塊の中から、郷土を、民族を、更に国家を体験する」（一六五頁以下）という一節がある。[1]井筒俊彦が大きな影響を受けたチュッチェフにも、大地性への希求と血のテロリズムとが共存している。

ナチズムにしろ、ロシア革命の背後の思想にしろ、地と土という暴力的なものを背後に持っていたことは重要なのだ。「土」のエレメントは、個体を成立させる外部と内部の疎隔を破壊する。「死」とは内部と外部の区別の崩壊なのだ。結論めいたことを述べるつもりはない。

「土」というエレメントは宗教思想においてそれほど重視されることはないとしても、豊穣性においても破壊性においても、歴史の激動に関わってきた。現代において、宗教性は世俗化の中で希薄化しているという整理もあるが、二一世紀の内戦と紛争と疫病の時代において、秘かに、いや激しく蠢動しているのかもしれない。いや少なくとも、宗教性の変容と無関係とは思えない。

◎注

1 チュッチェフの思想については、日本で十分に紹介されているとは思えないが、大矢温氏の長年におよぶ研究からは、大地性の関連について大きな示唆を得た。大矢温など編訳「チュッチェフ政治詩試訳（1）～（14）」、『札幌大学外国語学部紀要』、二〇〇五から二〇一二年。

◎参考文献

井筒俊彦『井筒俊彦全集第三巻、ロシア的人間』、慶應義塾大学出版会、二〇一四
井筒俊彦『意識の形而上学』、中公文庫、二〇〇一年
井筒俊彦『意識と本質――精神的東洋を求めて』、岩波文庫、一九九一年
谷寿美『ソロヴィヨフの哲学――ロシアの精神風土をめぐって』、理想社、一九九〇年
ドストエフスキー『カラマーゾフの兄弟（全四巻）』亀山郁夫訳、光文社古典新訳文庫、二〇〇六、二〇〇七年
藤原辰史『ナチス・ドイツの有機農業――「自然との共生」が生んだ「民族の絶滅」』、柏書房、二〇〇五年

日本の儒教

中島隆博

はじめに

東京の御茶ノ水駅から聖橋を渡っていくと、そこには湯島聖堂がある。湯島聖堂は、五代将軍綱吉が一六九〇年に創建したもので、後に、一七九七年に十一代将軍家斉が昌平坂学問所（昌平黌）を併設し、日本の儒教の中心として機能してきた。

その湯島聖堂では、今日でもなお四月の第四日曜日に孔子祭（釈奠）を行っている。やや前になるが、二〇一五年四月二六日の祭典では、徳川宗家の当主であり、斯文会の名誉会長である徳川恒孝氏が祭主をつとめ、神田明神の方々が祭りを取りしきり、台湾の台北駐日経済文化代表処顧問である朱文清氏が来賓として祝辞を述べ、二松学舎大学附属高等学校の生徒が孔子頌徳の歌を歌うという形式であった。この形式には、日本の儒教を構成する重要な要素の多くが含まれている。それらを手がかりにしながら、日本の儒教とりわけ近代の儒教とは何か、さらには現代における儒教の可能性について考えてみたい。

1　江戸時代の儒教

徳川幕府にとっての儒教はアンビバレントなものであった。一方で、儒教の有する形而上学的・倫理的な世界観は、将軍を頂点とするヒエラルキー的な身分社会にとって、有効なイデオロギーとして機能する可能性があった。しかし、他方で、名実論や君主論のような儒教の政治学は、どうしても日本の王としての天皇を呼び起こし、将軍という地位の正統性を問い直しかねない危険があった。そのために、江戸時代において儒教は、どちらかというと制限された仕方で、一部の学者によって担われるものであった。

それでも、幕府を開いてから二〇〇年近く経つと、社会は大きく変容を遂げ、従来の武士的エートスを基盤とした人材登用のシステムが制度疲労を起こしてしまった。ここで必要とされたのが、儒教的な世界観を身につけた、新たな人材であった。一七九〇年に老中松平定信が出した寛政異学の禁という通達とそれに伴う寛政の改革が目指したもののひとつは、中国の科挙制度を導入し、朱子学的な教養を身につけた、新しい人材を登用することであった。具体的には、一七九二年九月に「学問吟味」を制定し、科挙に倣って考試によって人材を登用することに改め、その考試に朱熹の集註を用いたのである。ここではじめて、日本の儒教は地方にも普及し大衆化することになる。つまり、こうした幕府での人材登用制度が諸藩にも伝播し、藩校を増設して、考試による人材登用制度を採用したことと、その学習熱がさらに庶民にまで広く及び、郷学や私塾が数多く開かれ、民間での儒教学習の基盤が整備されていったことである。宮城公子はこの現象を「儒学の大衆化」（宮城、二〇〇四、二七頁）と呼んだ。

こうした「儒学の大衆化」によって、社会階級を横断しながら、幕末から明治維新にかけての大きな変化を担う人材が育まれていった。だが、注意したいのは、この人材の教養は基本的には朱子学であったということである。昌平黌の学頭であった佐藤一斎が、「公朱私王」あるいは「陽朱陰王」と呼ばれるように、朱子学のみならず陽明学もその重要な教養となっていたことは確かであるし、次に触れる三島中洲の師であった山田方谷なども また、陽明学を重んじていたことは確かである。しかし、明治維新それ自体に陽明学を奉じる人々が直接に関わっていたわけではない。明治維新と陽明学が結びつけられるのは、遙か後のことであった。

2　二松学舎と近代儒教——三島中洲と「義理合一論」

明治になって日本の儒教は近代化の装置として大いに利用されるようになる。日本は近代になってはじめて儒教化したと言ってもよいのだが、それは、日本というネーションの重要な構成原理に儒教が用いられたという意味である。具体的には、儒教が、日本人を国民として鋳造するための、倫理的でもあり宗教的でもあるディシプリンになったということである。

このことを考えるために、二松学舎を取り上げてみよう。二松学舎は、一八七七年に三島中洲が創建した漢学塾である。三島は、幼少の頃山田方谷の塾に学び、また青年期には江戸に出て昌平黌に学び、佐藤一斎に師事している。三島の学問は陽明学を中心とするもので、東京の陽明学会の重鎮であった一方、大正天皇に陽明学を二〇年にわたって講じ続けた。陽明学を中心に据えたその儒教教育は多くの青年の心を掴んでいたようで、中江兆民は一八八〇年に、夏目漱石は一八八一年に二松学舎で学んでいる。

たとえば漱石は、第一高等中学校本科の一部（文科）一年生時の一八八九年六月三日に稿がなった「居移気説（居は気を移すの説）」において、何とかして外に動かされない「虚霊不昧」なる心を得ようと欲していたと書いている（夏目、一九九五、七五頁）。この「虚霊不昧」はもともと朱熹が用いた語ではあるが、ここでの漱石は王陽明の『伝習録』にある「虚霊不昧、衆理具わりて万事出づ。心外に理無く、心外に事無し」を念頭に置いて論じていたのである。

とはいえ、三島中洲は漢学復興を夢見る単なる保守主義者ではない。彼は同時に、ボアソナードに学び、フランス法を中心とする近代司法の専門家としても大きな働きをしていた。三島が考えていたのは、日本を西洋近代に接続するために、儒教を近代化することであった。そのスローガンとなったのが、「義理合一論」である。

義理の学たる、学者の常言にて、陳腐の極なれども、此に一冤罪あり。何となれば、支那趙宋の世、義理の説、盛んに行はれてより、利害を説くことを屑とせず、是より義理と利害と、判然相分れ、漢学者は、義理のみを主張し、利害得失には関係せざる者の如く、世人に見做されたり。然るに、古聖賢の言に徴すれば、義理利害、相須て離れず、故に義理合一論を講じて、冤罪を雪がんとす。

［明治一九年一〇月一〇日東京学士会院講演］（三島、一九〇九、一頁）

ここにあるように、三島は、宋学とくに朱子学のように、利害を無視して義理のみを説くような儒教を批判し、より古い儒教の文献（孔子や孟子）に照らしながら、儒教の中心的な教説が、経済と矛盾なく結びつくことを証明しようとしている。要するに、三島は西洋近代の資本主義と、「本来の」儒教が相反するものでは決してなく、かえって深く結びつくことを明らかにしようとしたのである。

3　日本の資本主義と儒教――渋沢栄一

こうした近代儒教が勃興しつつあった日本の資本主義にとって好都合であったことはいうまでもない。日本の資本主義の父と称された渋沢栄一は、三島中洲ときわめて深く結びついていた。渋沢の『論語と算盤』（一九一六年）は日本の資本主義と儒教の結びつきを象徴的に示した書物である。その冒頭を読むと、三島から『論語』と算盤の組み合わせについての示唆があったことがわかる（渋沢、一九八五、二～三頁）。

そこで渋沢は「富を成す根源は、仁義道徳、正しい道理の富でなければ、その富は完全に永続することはできない」（同、三頁）として、経済活動を支える道徳について力説している。これは三島の「義利合一論」と軌を一にするもので、別の箇所で渋沢はそれを「道徳経済合一説」として定式化した。

これは、同時代の記念碑的著作である、マックス・ウェーバー『プロテスタンティズムの倫理と資本主義の精神』（一九〇五年）を彷彿とさせるものである。ウェーバーはその著作の中で、ベンジャミン・フランクリンを取り上げ、世俗内禁欲という倫理をアメリカのプロテスタンティズムにおいて体現したと論じていた。そのフランクリンに匹敵する人物を、渋沢もまた、父から聞いたという逸話の中で、ある「勤勉な爺さん」として紹介したのである（渋沢、一九五三、六六～六七頁）。

時は金なりと説いて、いっさいの気晴らしや怠惰を否定し、神からの救済獲得のため天職としての職業労働を位置づけたフランクリンに対して、この逸話の老人もまた、労働を「聖齊」すなわち自己を道徳的あるいは宗教的に高めるものとして位置づけ、「金銀財寶」はその結果として得られるにすぎないとしている。正確に考えてみれば、「利」の位置づけに関して、こうした渋沢のややプロテスタント化された「道徳経済合一説」は、三島の「義が利中の条理である」とまで踏み込んだ「義理合一論」と完全に一致するわけではない。それでも、近代的に解釈された儒教が、日本においては資本主義を支える道徳もしくは世俗宗教として機能したことには注目しておきたい。

4　井上哲次郎と近代陽明学

三島と渋沢は湯島聖堂での釈奠にも深く関与していた。この一〇〇年近く、釈奠を主催しているのは斯文会であるが、その前身のひとつである斯文学会（一八八〇年設立）に三島は発起人として、また渋沢は顧問として参加していた。斯文会は一九一八年に、斯文学会と研経会・東亜学術研究会・漢文学会が合併してできたもので、翌年には孔子祭典会と孔子教会も併合している。

近代日本における釈奠の復興を行ったのは、孔子祭典会である。三島と渋沢が評議員であったこの会は、一九〇七年に設立され、同年から一九一九年まで釈奠を行った。そのうち三島は四回祭主を務め、渋沢もまた二度講演を行っている。この孔子祭典会から斯文会は釈奠を引き継いだのである。

三島と渋沢の次の世代として、斯文会の中心となったのは井上哲次郎と服部宇之吉である。この二人を取り上げることで、近代の日本の儒教の特徴をさらに明らかにしていこう。

井上哲次郎は東京帝国大学の哲学の教授として、カントを中心として西洋近代哲学を講じる一方で、東洋哲学なかでも儒教について、近代的な理解の枠組みを作り上げた。井上は、教育勅語の解説書である『勅語衍義』（一八九一年）の著者でもあったことからわかるように、近代日本の道徳的基礎を樹立しようとした。その際、儒教とりわけ陽明学が大きな貢献をすると考えたのである。井上には江戸儒教三部作として知られる著作があるが、最初に上梓されたのが『日本陽明学派之哲学』（一九〇〇年）であった。続けて『日本古学派之哲学』（冨山房、一九〇二年）、『日本朱子学派之哲学』（冨山房、一九〇五年）が公刊されている。

三部作最初の書である『日本陽明学派之哲学』の序を見ると、井上は、日本陽明学こそが近代日本の「国民的道徳心」を陶冶したものであると論じた（井上、一九〇〇、三頁）。そして、それが同年六月に生じた義和団事件鎮圧に向かった八カ国連合軍の中での日本軍の振る舞いに顕現していると、誇らしげに述べた。序の末尾では、「我国民的道徳心は、即ち心徳の普遍なるものにして、心徳は実に東洋道徳の精粋と謂ふべきなり」（同、六頁）とまで高揚するほどであった。井上にとって、日本の儒教とりわけ陽明学が、日本国民の道徳心を深く規定するものであり、それによって普遍性を有するとまで考えられたのである。

陽明学の強調は国民道徳の基礎を構築するというだけにとどまらない。この書の本文を見てみると、井上は、中江藤樹、熊沢蕃山に始まり、佐藤一斎、大塩中斎、山田方谷、春日潜庵を経て、西郷隆盛、吉田松陰、高杉晋作に至る、日本陽明学の系譜を作り上げている。その上で、幕府側の勝海舟をこの系譜学の最後に登場させているのは興味深い。要するに、井上は、幕末の陽明学と明治維新を接続し、明治維新は陽明学の精神を体現したものであるという説を補強しようとしたのである。

こうした日本の近代陽明学を代表したのが、明治二六年に公刊された、徳富蘇峰『吉田松陰』（一八九三年）と三宅雪嶺『王陽明』（一八九三年）である。また、鉄華書院が一八九六年に発刊した『陽明学』（一九〇〇年まで）という雑誌、またそれに続く、『王学雑誌』（一九〇六～〇八年）、『陽明学』（一九〇八～二八年）であった。井上哲次郎の言説は、こうした日本近代陽明学の系譜に置かれていたのである。

5　服部宇之吉と孔子教

服部宇之吉は井上と同様に東京帝国大学の教授であり中国哲学を講じていた。服部が日本の近代儒教に対して果たした役割を考えてみると、儒教から宗教的な要素を抜き去り、それを近代的な意味での道徳（宗教に源泉をもたない規範）として定義し、国民国家さらには帝国としての日本にふさわしい道徳にしたことであろう。

同時代の中国では、康有為たちが宗教としての儒教である孔子教（孔教）を提唱していた。それは儒教をキリスト教のような宗教として再定義することで、近代中国の精神的バックボーンにしようとした運動であった。服部はこれを強く意識した上で、まったく反対に、宗教性を欠いた孔子教、すなわち道徳としての儒教を主張した。この対立が先鋭的に現れたのは、次の『論語』の箇所においてである。

孔子の病が重くなった。子路が祷りたいと願った。孔子が言う。「そのようなことがあったのか」。子路が答える。「あります。誄《るい》に「爾を上下の神祇に祷る」とあります」。孔子が言う。「わたしが祷ること久しい」。（『論語』述而）

従来の注釈を踏まえて解釈すると、この箇所の意味は、重病となった孔子の平癒を願って、弟子の子路が天地の神々に祈りを捧げようとしたが、その請願を孔子が不要であると退けた、ということになる。大意はほぼこの通りではあるが、論争において問われたのは、孔子の最後の言葉である「わたしが祷ること久しい」をどう読解するかであった。

近代日本の儒教解釈のひとつの方向性を作った服部宇之吉はこの言葉を、「自分の行ひは平生より天地の神祇の徳に合して居ると自ら信ずるが故に、今病になつたからとて急に祷るといふ必要はないぞと子路に言はれた」（服部、一九三九、一一頁）と読解した。つまり、孔子は実際に祈ったというよりも、子路の祈りの内容を「天地の神祇の徳に合して居る」として、そうであればすでに久しく行っていると解釈したのである。これは、孔安国や朱熹の注釈を踏まえた見解ではあるが、服部はこの解釈を明らかに対抗的に提出していた。それが康有為たちの孔教会の解釈である。

服部によると、康有為たちは、儒教を宗教化するために、この祈りに言及した箇所をあえて「曲解」したと言う。つまり、孔教会は、「孔子教では祈祷といふことが最も重大な形式である」（同、九頁）とするために、「わたしが祷ること久しい」を曲解して、「孔子は実際祈祷をされた」と解釈したと言うのである（同、一一頁）。それに対して、服部は、「今日の所謂宗教にては祈祷という事を為さぬものは殆ど無いが孔子は祷を全然斥けた」（服部、一九二六、一八七頁）と述べ、儒教（もしくは服部の言う孔子教）が祈りを行わないもの、宗教ではないものだと反対の立場を取ったのである。

したがって、服部の言う孔子教は、宗教的であった儒教を倫理化・道徳化したものである。服部は、「民族的教義」あるいは「民俗的教義」である儒教を、孔子が「世界的教義」としての孔子教に変じたことで、それは東アジアさらには欧米に及んでいったと言う（服部、一九三八、一一八頁）。だがなぜそれが可能であったのか。服部はその理由を、儒教が宗教的であるのに対し、孔子教が「純理的又倫理的になって、宗教的の性質が薄くなってきた」（服部、一九三九、三二頁）からだと言った。孔子教としての儒教は、哲学もしくは倫理であることによって、普遍性を獲得したのである。そうであれば、孔子教から祈りのような宗教的な要素は何としても排除しなければならない。そうすることによって、孔子教は普遍的に受け入れられるし、さらには中国に代わって日本が孔子教を宣揚することも可能になる。服部が孔子教に対して哲学・倫理を強調する背景には、日本を帝国として、普遍に向かって競り上げようとする欲望があったのである。

6　儒教の可能性

日本の儒教は、幕末の「儒学の大衆化」を契機として、明治になって国民国家そして帝国を支える道徳的なバックボーンとなっていった。その中心として用いられたのは近代陽明学であり、国民の心を陶冶していった。しかし、同時に、日本の儒教には別の選択肢も存在した。それは、中江兆民や石崎東国の系譜にある民間儒教の伝統であり、宗教性をより帯びていたのである（詳細は、拙論「民衆のための学――森鷗外『大塩平八郎』」（小林・中島、二〇一九所収）を参照のこと）。

もうひとつ、前近代の儒教の可能性も見逃すことはできない。たとえば、荻生徂徠は儒教の宗教性に言及していた。それはすでに服部宇之吉の箇所で言及した「わたしが祷ること久しい」(『論語』述而篇)の解釈においてであった。

そもそも祷るとは、天を敬するがためである。仁人の天に事えるのは、孝子が親に事えるようなものである。孝子は親に対して、親が怒れば謝るが、その際、過ちの有無を問うことがないのは、親を敬しているからである。仁人は天に対して、災厄があれば祷る。その場合に、過ちの有無を問うことはないのは、天を敬しているからである。(『論語徴』述而第七、『論語徴』第一巻、三〇〇頁〔訳文は変更している〕)

自分に過ちがあるかないかが問題ではなく、たとえ過ちがなく善であるように思えたとしても、それは人間を超えた点から見れば不十分であるかもしれないし、天の怒りとしての災厄に対しては祈るほかない。そして、孔子はこのような天を敬する態度をずっと取り続けてきた。徂徠はこのように解釈したのである。

ところが、服部宇之吉は、祈りを『論語』に読み込む徂徠の解釈を、「徂來は異を立て奇を好むの弊に陥つて居ると思ふ」(服部、一九三九、一一頁)と退けていた。徂徠は江戸においては寛政異学の禁で退けられ、明治においては官学としての儒教に退けられたのである。

しかし、儒教の有する宗教性、民間性、そして批判性は決して回収されるがままにはならないだろう。

思想の遺産として日本儒教を読み直すとき、わたしたちはこうした別の可能性に開かれているのである。

◎参考文献
井上哲次郎『日本陽明学派之哲学』、冨山房、一九〇〇年
荻生徂徠『論語徵』第一巻、小川環樹訳注、平凡社、一九九四年
荻生茂博『近代・アジア・陽明学』、ぺりかん社、二〇〇八年
小島毅『近代日本の陽明学』、講談社、二〇〇六年
小林康夫・中島隆博『日本を解き放つ』、東京大学出版会、二〇一九年
渋沢栄一『経済と道徳』、日本経済道徳協会、一九五三年
渋沢栄一『論語と算盤』、国書刊行会、一九八五年
陳瑋芬「服部宇之吉の「孔子教」論――その「儒教非宗教」説・「易姓革命」説・及び「王道立国」説を中心に」、『季刊日本思想史』第五九号、ぺりかん社、二〇〇一年
徳富蘇峰『吉田松陰』、民友社、一八九三年
中島隆博『共生のプラクシス――国家と宗教』、東京大学出版会、二〇一一年
夏目漱石『夏目漱石全集』第一八巻、岩波書店、一九九五年
服部宇之吉『支那の国民性と思想』、京文社、一九二六年
服部宇之吉『新修東洋倫理綱要』、同文書院、一九三八年
服部宇之吉『孔子教大義』、冨山房、一九三九年
三島中洲『中洲講話』、文華堂、一九〇九年
宮城公子『幕末期の思想と習俗』、ぺりかん社、二〇〇四年
和辻哲郎『孔子』、『和辻哲郎全集』第六巻、岩波書店、一九六二年

Davis, Winston. 1976. The Civil Theology of Inoue Tetsujiroō. *Japanese Journal of Religious Studies*, 13.1. Tokyo: International Institute for the Study of Religion.

Nakajima, Takahiro. 2018. Civil Spirituality and Confucian Piety Today: The Activities of Confucian Temples in Qufu, Taipei, and Changchun. In *The Varieties of Confucian Experience: Documenting a Grassroots Revival of Tradition.* Ed. Billioud, Sébastien. Leiden; Boston: Brill.

◆座談会　宗教性と変容

中島隆博
×
末木文美士
×
伊藤聡
×
山内志朗

中島隆博　二一世紀になり、近代の大原則であった世俗主義が少しずつ揺らぎつつあります。それは一般的に、ポスト世俗化社会といわれています。こうした流れのなかでは、宗教と世俗間の対話が重要になってきます。東京文化資源会議の社寺会堂研究会が対象地域としております湯島や神田そして上野には諸宗教や諸精神文化が併存していま す。それぞれの施設の由来・縁起を伺いますと大変興味深いのですが、これまで横の繋がりはほとんどなく、お互いに議論をすることもあまりなかったようです。せっかく東京の中心で宗教や精神文化間の奇跡的な出会いのチャンスがあるわけですから、こういった状況に一石を投じて、施設間の対話を促すことにより、世俗と宗教間の対話へ開いていこうというのが社寺会堂塾の狙いです。

その対話が実りあるものとなるために、わたしたちは何らかの言葉や概念を提供する必要があると思います。たとえば、宗教という概念ひとつをとりましても、プロテスタンティズムをモデルにする近代的宗教概念に、他の精神文化がうまくあてはまるわけではありません。「儒教は宗教なのか」が近代以降ずっと問われているのはその典型です。その問いへの答え方は宗教という概念の定義の仕方によって当然変わります。同じように仏教や神道は宗教なのかとも問われていますが、実はこの問い自体にはそれほど意味がありません。

また、自分たちの精神文化のあり方をそれぞれの専門用語で話すだけでは、独り言になるばかりで、対話へとは開かれていきません。では、どういう風に自分たちを語るのか、あるいは他の精神文化を語るのか。そういった語り方を発明することがとても大切だと思います。

本日は、座談会のタイトルを「宗教性と変容」としました。プロテスタンティズム的、近代的な宗教概念は一面的なものです。それに収まらないような宗教性あるいは精神性をどのように語っていけばよいのか。また、仏教、神道、キリスト教、イスラーム、儒教は、これまで歴史的にも大きく変容してきました。その変容に対して、もっと対話に開かれたような新たな概念を発明することができれば、東京の中心から世界に向かって貢献できるのではないのか。そういった思いのもと、今日は三人の先生方にお集まりいただきました。

仏教の変容と日本の社会

中島　まずは末木先生からお話を伺えればと思います。インド由来・中国経由の仏教が日本に入ってくるなかで、仏教はすでに大きく変容を遂げていました。そして、日本においても当然大きな変容を遂げていきます。末木先生は、ご論文の冒頭で大乗戒の議論をされ、最澄が世俗の在家の信者が守る大乗戒を採用した意味について論じられています。それはきわめて日本的な変容を遂げた仏教になったわけです。ところが、それをもう一度グローバルな基準の仏教に立ち返らせようという、霊空光謙の安楽律のような運動もあったわけです。それを含めて、近世仏教の重要性、その成果を踏まえた上で近代仏教の成立の仕方、そして、葬式仏教という形に編成されていく過程での神道との緊張に満ちた関係等々について指摘されています。そこから、仏教の言説を利用した日本の近代哲学が、下部構造としての葬式仏教の広がりがあったからこそ可能であったことの意味を、あらためて考えさせられました。

現在の仏教の問題として、二一世紀において、仏教はどういう形で社会に寄与していくのかが問われていると思います。これまではプロテスタンティズムをモデルにする宗教概念、たとえば聖書のような経典があり、それに対して専門の宗教職がいて、建物、組織があって、内面的な信仰があるといったものをモデルとしてきました。しかし、それでは、宗教性や精神性を幅広く掴むことは難しいわけです。それに対して、日本の仏教では、教団として見るよりは戒律として見ることで、宗教性に対する捉え直しがなされました。それを踏まえると、プロテスタンティズム系の宗教では世俗化の問題が重要になってきますが、日本の場合はそんなに単純ではありません。世俗つまり在家と出家の関係は最澄以来、融合していると言いましょうか、大変不思議なことになっていきます。王法と仏法の関係もそれと並行して複雑なわけです。

こうしたことを背景にして、いくつか伺ってみたいと思います。ひとつは、近代において仏教自体が宗教化していく面があると思いますが、それをどう考えればよいのでしょうか。特に真宗系の清沢満之などは、仏教をキリスト教的に宗教化していこうとしました。近代になると今まで抑圧されていた真宗系が大きく伸び、戒律に関しても肉食妻帯の戒律を外していきますが、それが真宗における近代的な宗教観とどのような関係があるのでしょうか。もうひとつは、江戸時代には北東の神田明神と寛永寺、そして南西の日枝神社と増上寺の二つの場所を軸に江戸の街づくりをしたのですが、近代に入り東京になると、こうした記憶を消していったことに関わります。しかも、寛永寺は近代の幕開けの上野戦争の場所ですが、その記憶も消され、今度は明治神社と靖国神社が現れました。この配置の変更の意味についても、もう少し伺えればと思います。

仏教の宗教化――真宗西本願寺派、島地黙雷の役割と江戸から東京への変遷

末木　仏教の宗教化については、その通りだと思います。近代のはじめに島地黙雷が西本願寺から出て、真宗が主役になっていきます。そもそも廃仏毀釈で、仏教は滅茶苦茶にされた被害者だと言われていますが、真宗は必ずしもそれほど被害を受けていません。確かに三河の真宗のお寺で一揆みたいなことが起こったり（大浜騒動）、薩摩ではそれまでのいきさつがあって、真宗が抑圧されたりしたこともありました。しかし、長州はもともと真宗の西本願寺が強いところでして、西本願寺は長州の倒幕にお金を出していましたし、西本願寺系のお坊さんが軍隊を作って倒幕に参加していました。ですので、本願寺の力はかなり強く、そのために島地黙雷の言うことが政府にも通っていきます。

　一方、神道は最初のごく短い期間だけ、神道を国教化する動きがありましたが、すぐに勢力が削がれていきます。仏教が台頭する過程で島地黙雷が明確にしたことは、宗教と政治を分けること、その両者は完全に別なのだということです。宗教が人間の内面に関わるとすれば、外側に関わるものが政治であるということです。こうして、内面に関わる宗教は政治によっても絶対に立ち入ることのできない領域であるということになり、それが最終的には信教の自由として確立されます。宗教は制度的なものではなく、内面的なものだという、限定的な形で宗教の再定義をしたわけです。これはまさにプロテスタント的な定義ですが、島地黙雷の考え方が、逆に儀礼中心の神道は非宗教であるという国家神道の考え方に繋がったと言われています。こうした流れのなかで、仏教も近代国家や社会のなかの狭い部分へ、つまりここだけは譲れないという、特定の部分に立てこもる形へと変容します。逆に言えば、今まで仏教が担ってきた要素を切り捨てていったわけです。それが、ある意味での仏教の宗教化と言えるものなのですが、はたしてそれでよかったのかが問われなければなりません。

江戸から東京へと変わる際の都市計画についてですが、東京という都市は、基本的に歴史を消し、歴史を作り直しました。たとえば、寛永寺は上野戦争が起きた場所ですが、今は上野公園に行っても戦争があったというイメージはまったく残っていませんね。あのあたりは、今では上野恩賜公園といって、天皇が恩賜した公園となっていますが、もともとは天皇のものではなく、すべて寛永寺のものでした。こうした形で歴史をすべて読み替えていくのが東京です。わたしはしばらく京都に住んでいましたが、東京に戻りますと、東京と京都では都市の作り方が全然違うと感じています。京都は常に階層的で、時代の地層があります。古いものの上に新しいものができるので、掘り返していくと必ず古いものが出てくるのです。ところが、東京は少し前の江戸さえすべて消してしまったために、歴史を持たない都市になっています。古いものを初期化して全部消し、その上に新しいものを作る。そういう意味で歴史が排除されていきます。特に、本来江戸というのはお寺がたくさんありましたが、その役割はほとんど見えなくなっています。

儀礼を通して見る近代の変容——印刷と写本の観点から

山内志朗　末木先生に、印刷文化の影響がどういうふうに及んだのかという点について、お伺いしたいと思います。西洋近代において印刷文化がプロテスタンティズムを生んだという整理もされますが、それにはもっと多面的な影響もあると思います。宗教の内在化につきまして、二〇〇七年にチャールズ・テイラーが『世俗の時代（*A Secular Age*）』（名古屋大学出版会、二〇二〇年）を出しました。彼によりますと、世俗化は一六世紀から二〇世紀にかけて進んだのですが、その過程は三段階に分けられています。そして、二〇世紀、二一世紀がどういう時代だったのかというと、超越性が失われて内在化したのだというのです。中世には内在的な超越があり、それはヨーロッパの歴史の中では印刷技術が登場することによって、教会を介さずに一人ひとりが信仰を持つ、つまり宗教性が内面化するという事態が成立しました。公共空間の中で宗教性が消えると同時に、宗教文化が内面化し、内面において超越性と内在性が両立しえたわけです。しかし、二〇世紀になると超越性が消え、宗教文化は孤立したものになります。

写本文化が印刷文化に転じた時に大きな変化が

ありましたが、その一方で印刷文化が壊したものもいろいろとあると思います。写本をする作業をなくしたというのもありますし、儀式や戒律を明文化したというのもあります。人間が生きた行為をするなかで、写本という行為は、ある意味では体験のなかで超越性を内在化するプロセスだったと思います。しかし、印刷文化になりますと、超越性が活字の中に閉じ込められてしまったという気がします。印刷文化がもたらしたものと、儀式や戒律のなかで維持されていたものについて、どうお考えかを教えていただきたいと思います。

末木　写本から印刷に代わることで、わたしたちのあり方は決定的に違ってきます。つまり、写本の時代というのは、テキスト自体が固まっていない時代です。そこでは真理は、写本のほかに、師匠から弟子に口伝で伝えられます。その過程では、テキストの書き換えが、一体どこで起こったのか分からないような形で、変化していくこともありうるわけです。ところが、印刷は出てしまえば万人に見られてしまいます。こうしてオープンにされることによる変化が世俗化に結びついたようにも思います。

儀礼は面白い問題です。たとえば、仏教が担ってきた葬儀のような儀礼の他に、朝廷儀礼という政治の儀礼があります。後者は有職故実といわれるもので、実際は途中で文章化されますが、原則としてはそれを保持する家があり、その家が継承していきます。江戸時代になっても基本的な朝廷儀礼の形態は変わらず、むしろ固定化され定着していきます。武家の儀礼もできましたが、基本的には朝廷儀礼を模倣したもので、それを変容させて作られていきます。つまり、源泉である朝廷儀礼はずっと保持されていくわけです。

これに関連して、もうひとつの重要な問題があります。江戸時代になぜ朝廷は滅びなかったのかということです。幕府がすべての権力を掌握すれば朝廷は不要になるのではないか。それにも関わらず、なぜ朝廷、天皇制はなくならなかったのかというと、やはり儀礼保持集団としての意味があったからではないかと思います。儒教の場合、儀礼を保つことが文明の象徴であって、儀礼が成り立っていない社会は野蛮で、正しく礼が成り立っているのが文明であると考えられています。日本の場合、そうした文明としての礼を保持していく上で、一方には仏教儀礼がありますが、もう一方には朝廷儀礼がありました。朝廷儀礼には貴族集団が関わるわけですが、近世になると、彼らは公家としてそれぞれの家の役割が分化していきます。つまり、文明を朝廷や公家集団が握っているために、武家はどんなに武力が強くても文明を壊すことはできませんでした。儀礼は朝廷や公家集団にとって強みになっていったわけです。

近代の日本——儀礼国家と天皇儀礼

末木　近代になっても天皇儀礼は続きますが、実は、明治維新の時に神道中心に作り直されました。それまでの朝廷儀礼では、神事に関するものはごく一部でした。ところが、明治になって宮中三殿を創建し、そこに神道の儀礼を集約させて、儀礼システムを再構築しました。福羽美静をはじめ、初期の神祇官の中心は、津和野藩の神官でした。津和野藩は長州藩と隣り合っており、長州の方が表向きの政治をとり、それに対して津和野系が神道の勢力をとります。その後、津和野系は追い出されることになりますが、一番初期の天皇儀礼を作ったのは津和野藩の系統だと言われています。近代の日本は儀礼国家であって、天皇制は儀礼によって維持されたと言えます。

中島　中国文明の根幹に「制礼作楽」、つまり礼を作り音楽の楽を作る、というのがあります。日本の近代は、礼をどうやって制度化するのかという古代の問題に、奇妙な仕方で忠実だったのですね。

伊藤聡　江戸幕府は、本来、自分たちが権威にならなくてはならないのに、その役割を果たすことを放棄したのだと思います。古代以来の王朝儀礼にほぼすべてを預けてしまい、幕府はそうした権威の管理者としてしか振舞わなかったのです。そもそも、幕府制度自体が明らかに公のものではありません。老中や若年寄といった幕府の役職は、村落共同体の役名そのままです。このように村落の支配構造を、幕府の支配構造に移行することをよしとしたのは、幕府が正統なものではないことを自ら認めていたということです。ただ、実際にはご威光という形で権力を握っており、国内的には力があるからよかったわけですが、新井白石が李氏朝鮮などと交渉しようとすると、なぜ朝鮮国の王と日本の一将軍が対等の立場に立たなければならないのかという問題が必然的に出てきます。その際、新井白石は武家儀礼を公的な儀礼にしようとしました。また、明言はしていませんが、徂徠学派などは天皇家をなくしてもよいという態度でした。徳川家が本来王になるべきであり、正統性は徳川家から出てくるはずだというわけです。ところが、幕府はそれを最後までやらずじまいでした。

正統性を基礎づける

中島　正統性、レジティマシー（legitimacy）という問題はなかなかに厄介で、最終的には基礎づけることはできません。中国においても長い格闘の末、その基礎づけはできませんでしたし、日本でも丸山眞男が戦後に試みて失敗しました。正統性は不思議な問題で、やらないといけないけれども、やっても絶対に成功しないという皮肉な問題なのです。したがって、ある程度のところでごまかすしかありません。徳川幕府の仕組みは正統性を基礎づけるものではありませんでした。新井白石のように本気でやり直そうとすると、逆にその問題の深淵を覗くことになり、不可能であることがはっきりしてきます。

伊藤　正統性の基礎づけをしないと後で困ったことになりますし、徳川幕府は実際困ったわけです。しかし、おっしゃるように、正統性の基礎づけをするためにはかなりのエネルギーを割かなければならないですから、それをせずにすませる方が経済効率はよいのです。本来的に何の正統性もない三河の一大名が、正統性を獲得するのは大変な労力が必要になるはずでした。しかし、正統性を基礎づけようと試みたのは新井白石くらいで、徳川吉宗の時代になるとそのままでよいとなってしまいます。ありとあらゆる反抗の可能性をすべて潰すことによって、政権を盤石なものにして、正統性を問う必要がないようにしたはずなので、今までやってきたやり方を踏襲していればよいということになったのです。公儀のご威光がそこにあれば十分だったのです。しかし、それがたいしたことがないとわかると、事態は一変します。ペリーの黒船が現れ、その軍事的能力に対抗できないことがあからさまになった途端に、江戸幕府は壊れていきました。なぜあのようにもろかったのかというと、正統性を有した権威を持っていなかったからです。

神道の変容——カミ信仰と「正直」の概念

中島　伊藤先生には、以前にも、そして今回のご論文でも、神道の変容を、古代のカミ信仰の形成の問題からはじめて、大きな文脈で掴まえていただきました。カミ信仰が形成されていくなかで、神道は単純に純粋な土着信仰の形として現われるというよりも、国家が政策的にカミ信仰の形成に関わっていたという興味深い議論をしていただいています。中世になると、本地垂迹説などが出てきて、カミ観念が大きく変容していくというのも重要なポイントだと思います。そのなかで、来世以降の救済まで組み込んでいった春日神のケースは大変面白いと思います。

そのなかで、わたしが考えさせられたのは「正直」の概念です。これは近代以降、プロテスタンティズム的な考え方と結合し、まじめさ（sincerity）という概念と手を結ぶことになる厄介な概念です。これをどう考えればよいのでしょうか。その際、近世の議論にも目配りが必要です。近世においては、神道と儒教の関係が問われるようになります。というのも、神道が仏教から身を引き剥がして、神道自身の自己基礎づけを行っていくのですが、そこでは儒教と道教を論拠に使っていきました。その過程で「正直」という概念もまた利用されていったのだと思います。そして、中国哲学において、とりわけ朱子学において、「誠意」という概念が重要になっていくのですが、「正直」はその「誠意」とも重なって展開していくように思われます。

伊藤　両部・伊勢などの中世神道書では、仏がカミとして心内に垂迹する、あるいは心＝神は一体であると説くようになります。このことに関連して、「正直」が、心内の態度として取り上げられるようになるのです。「正直」の語は奈良時代よりありますが、当初は天皇に対する臣下の心構えを意味し、宣命などで用いられました。中世神道書における「正直」は、系譜的にはつながってはいますが、意味は相当に違っています。神仏が宿る心はそのまま真理世界であるがゆえに清浄であり、その内面的清浄を保つ実践行為が「正直」と表現されたのです。

以後中世において「正直」であることは、カミが人間に要求する最重要の徳目となりました。正直―神道は、慈悲―仏教と対比され、中世的道徳心の二つの柱となりました。また清浄・正直・慈悲を以て神徳の表示とする「三社託宣」なども流布しました。

「正直」の観念は近世神道へも引き継がれますが、この語が中世に持っていた仏教的含意は薄らぎ、代わって儒教との結びつきを強めます。日本儒教において「誠」が強調されるようになっていくのも、「正直」を儒教の側が摂取したあらわれなのでしょう。

また、民衆の通俗的道徳としても「正直」は流布します。なぜなら近世の現世主義的・実利主義的価値観に「正直」はうまくシンクロしたからです。

アニミズムと神道の観点から――先祖と鬼神

中島 もうひとつ考えたいのは、先祖という概念です。中国哲学において、とりわけ朱子学において、先祖という概念はなかなかに厄介です。誰が先祖なのか、誰がどの先祖を祀ることができるのか。こうした問いが哲学的に問われていきました。先ほど儀礼についてお話がありましたが、儀礼においてもやはり先祖問題が出てきます。中国では、社会の分裂・分断を収めるために儀礼を行うことがあり、そこにはどうしても先祖を組み込む必要が出てきます。誰が先祖なのか、誰が祀るのかは、ここでかなりシリアスな問題になります。

結果的には、この問題は決着を見ることはありませんでした。極端な場合は、誰が誰を祀ってもよいのではないかという議論も出てきます。血統、つまり血の繫がりによって、先祖問題を担保しようとしたこともありましたが、たとえば国の場合、そのままですと、血が途絶えたら何もできないことになります。しかし、血の繫がりが一切なくてもよいということになりますと、別の意味で面倒なことになります。

それと関連しているのですが、先祖を祀るためには「鬼神」という概念を導入しなければなりません。鬼神は先祖問題の重要なファクターなのです。先祖が変な仕方で亡くなったりしますと、鬼神になって祟ってくる場合があります。あるいは、祟りという仕方で表現されるように、コミュニティが不安定化する場合があります。では、どうすれば祟らない鬼神にできるのか。やはり人と鬼神の間を繫ぎ直すしかないのです。

朱子学はこの問題に取り組みましたが、最終的な決着をつけることはできませんでした。この点では、先祖供養を取り込んだ仏教の方がうまくいっていたのかもしれません。ちなみに、朱熹の前に仏教と対決したのが唐の韓愈ですが、韓愈は仏教に対抗するために、「神道」という言葉を使いました。この場合の神道は神的《しんてき》な道、つまり神秘的な道のことです。

伊藤　道教ではないのですか。

中島　道教ではないです。韓愈は仏教に対抗して儒教を再興しようとして、「神道」と述べたのです。「神」というのは、精神的なとか、神秘的なとかいう意味で、動詞的あるいは形容詞的な概念です。ですので、「神道」は「神秘的な道」すなわち儒教だということになります。日本の神道とは重なりながらも異なる意味を有していたのです。

なお、神道に関して、しばしばアニミズムという概念が言及されますが、これ自体、一九世紀に文化人類学を始めたエドワード・タイラー（『原始文化』国書刊行会、二〇一九年）によって発明された概念です。タイラーは比較宗教学のマックス・ミュラーとオックスフォードで一緒だった学者ですね。自然宗教の核がアニミズムだということなのでしょうが、わたしはこの概念がかえって神道理解を面倒なものにしているように思います。

伊藤先生はどのようにお考えでしょうか。

伊藤　その前に鬼神の問題について、少し述べたいと思います。日本は鬼神観念を取り入れても、古代の段階では先祖の問題とうまく接続しませんでした。鬼（オニ）であったり天狗であったりと考えられたのです。しかし近世になり、もう一度鬼神論が入ってきますと、状況が変わります。儒者が考える鬼神は先祖ですが、実際にある神々が自分たちの直接の先祖神とは限りません。あたかも先祖神であるかのように「氏神」などと擬制的に言ってはいますが、実はそうでもないことを人々は知っていました。この点がいつも議論のズレを生じさせてしまうことになり、日本の儒者の鬼神論は実態と遊離した机上の議論になったわけです。しかし、靖国神社が死霊をきちんと祀るようなやり方を始めたのは、明らかに儒者の議論を応用しています。つまり、儒教由来といいますか、鬼神論などを経ないと靖国神社のような新しいタイプの祭祀はできなかったのだと思います。

アニミズムについては、新しい人類学などの議論を日本にとり入れてくる際に、明治後半から、高木敏雄や松村武雄などの初期の神話学者や姉崎正治を含めた宗教学者たちが、神道を宗教として理解していこうとする新しい動きのなかで、その概念が取り入れられます。本来はいろいろな問題と抵触する面もあるのですが、神道を宗教化させていくなかで、神道をアニミズムの文脈でタマと読み替えて使えるとなったことから、アニミズムの議論へと移っていきました。実際、古代学の学者たちは、戦前からそのような形で理解しようとしていました。折口信夫も間違いなくそうだったと思います。神道を宗教的に理解しようとする折口信夫のような国文学系の研究者たちや、神話学などの系統の研究者たちは、はっきりとアニミズム議論の方へ流れ、それが戦後まで引き継がれていきます。戦後においても、神道を国家と切り離して再び読み替えようとするときに、神道を無害化する一種のよい便法としてアニミズムに集約されていった可能性があります。

また、人類学系の研究者たちも、日本のカミ信仰をアニミスティックな古代宗教という文脈で捉えていきます。神道は、多神教的でもありますし、言霊や船霊といった用語に付随するものも含め、まさにアニミズムの典型のようなところがありますので、通俗的な意味でアニミズムと関連する議論になることはあります。

戦後になりますと、神道論の文脈でこの傾向がより顕著になります。国家や天皇ではなく、むしろアニミスティックなところにこそ神道の本質があるのだという主張です。これは神道を国家主義の加担者という批判から救出しようとする動きの中で起こったのだと思います。アニミズムと重ねることにより、神道は広く万人に受け入れられる、精神的なものから世俗的なものまですべてを包括できるような教えであるということが言えるようになったのです。全国民をすべて包括できるというのは神道のある意味目指すところでしょうから、アニミスティックなものはすわりがよく、批判すべきことではなかったのかもしれません。

鬼神という問題——血の継承か家の継承か

中島 ご指摘の鬼神の話に戻りますと、中国での鬼神は先祖のパワーをどうするかという問題になっていきます。この問題に対し、朱熹は苦しみ抜きました。朱子学を突き詰めていくと、実は鬼神の居場所がなくなります。ところが、朱子学は反仏教ですから、仏教を乗り越えるためには、仏教以上にうまく先祖問題を処理しなければなりません。それでも、鬼神論は朱子学の「理」を中心とする体系に矛盾してしまうのです。理が世界を貫徹するとすれば、個別の先祖を子孫が祀るという特殊な理屈を維持するのが難しくなるからです。そのため、朱熹は最後には解決を諦めました。

その格闘のなかで、印象的な言葉があります。「祖先の精神はわたしの精神である」。これは朱熹がある人の言葉として引用したものです。これが徹底化されれば鬼神問題も解決するかに思えるのですが、そうはいきませんでした。たとえば、母方の祖先を祀ることができるかという問題があります。また、後継の絶えた国で新しい王はどうすればその国の先祖を祀ることができるのか。直系でもなく、血の繋がりもないけれども、祀ることはできるという議論をせざるをえません。これに朱熹は翻弄されていきます。

伊藤先生がご指摘のように、日本でもこの問題は難題となっていきます。わたしは勝手にこれを「霊魂論争」と呼んでいるのですが、一九世紀末に井上円了と中江兆民がぶつかったのは、近代版の鬼神祭祀の問題です。円了は霊魂の不滅を言いましたが、それは国のために死ぬことのできる兵士を念頭においてのものでした。それに対して、兆民は断じて霊魂などはないとして、円了を批判します。哲学は、霊魂など存在しないということを言わなければならないというわけですが、しかし、背景にあるのは、誰がどの霊魂を祀ることができるのかという、近代版の鬼神論だったわけです。

伊藤　心霊、霊性など、大正時代は「霊」が流行語のようになりますね。日本は基本的に異姓養子を認めているため、中国のように祭祀における血の繋がりの有無はほとんど考慮されておらず、血統に基づいた祭祀という議論は起こりえません。不思議なのは、万世一系です。万世一系を主張できるのは、親鸞の末裔である大谷家と、天皇家のみです。それ以外はほとんど全部異姓が入っています。たとえば、藤原姓の摂家でも鷹司家のように親王家から養子が入った例もあります。異姓養子がまったく問題にならないというわけではありませんが、むしろ家の方が重要です。日本の家制度において基本的に一番保持しなくてはいけないのは、血ではなく、家名や職の継承だからです。

中島　朱熹の時代でも、すでに血統という概念は破綻していました。血統という概念を持ち出すと、祖先問題が解決できなくなることがわかっていたからです。ちなみに、正統性という概念もその時代になるとかなりあやしくなっていました。政治的な正統性を担保することは原理的に無理であるという考え方は、もうその頃から出てきていたのです。

末木　神道という言葉について、少し補足してみたいと思います。ひとつは、神道という語は、もともと『易経』に出ますが、福永光司が強調したように、道教で多く用いられました。霊妙な道ということですので、仏教側も自分たちで神道ということもありました。必ずしも特定の宗教を指す語ではありませんでした。日本では『日本書記』に出ますが、単に神をまつるという意味です。もうひとつは、もともとは「神道（じんどう）」であったのが「神道（しんとう）」になったと言われています。室町時代あたりで仏教的な「神道（じんどう）」に対して「神道（しんとう）」が自立化します。

また、子安宣邦が指摘しているように（『新版　鬼神論――神と祭祀のディスクール』白澤社、二〇〇二年）、日本でも鬼神の問題は非常に大きな問題です。これはおそらく江戸の思想史の最も中核的な問題だと思います。江戸のはじめ頃に仏儒論争があるのですが、その時に仏教と儒教の主張の最大のポイントは「三世の因果」を認めるかどうかにありました。仏教が、死んだら何もなくなるのではなく輪廻すると主張するのに対し、輪廻は迷信だと否定するのが儒教の新しい見方でした。

近世は百年単位で変わっていきますが、一八世紀になりますと、鬼神問題は合理化して世俗化します。仏教はそれをあまり正面には出さなかったのですが、儒教では新井白石がはっきりと『鬼神論』（『原文＆現代語訳　鬼神論・鬼神新論』浅野三平、笠間書院、二〇一二年）というテキストを書いています。そのようななかで朱熹の鬼神問題が取り上げられまして、儒教の議論でも、死んでなくなってしまうのであれば祖先崇拝の意味はないので、死んでしばらくは「鬼《き》」は残るのだといった一種の妥協した議論になりました。

その後、今度は平田篤胤が『鬼神新論』において、新井白石の議論を正面から批判し、死後の来世の実在や、霊魂の実在を主張します。要するに日本の近代化は単純な世俗化論では捉えきれず、一度世俗化したものを、幕末の神道でもう一度それを超えたものに向かうという形で逆転させたのです。幕末の神道は決して単純に政治的な運動にいくわけではなく、むしろ平田篤胤以後は来世論とも言うべき幽界、幽冥論と結びつき、そちらの方が大きい要素になりました。平田篤胤門下は二派に分かれまして、ひとまず来世のことはおいて現世の天皇中心でいきましょうと考えたのが、大国隆正などの津和野系統だったのです。

それに対して、幽界を中心とした議論は、出雲と結びつく問題になっていきます。平田篤胤の弟子で、六人部是香《むとべよしか》という神官がいたのですが、この人は完全に幽界中心の考え方を取り、大国主を中心とした幽界の秩序を考えていました。死後の世界は大国主がトップですが、大国主が直接支配するのではなく、直接住民と関わるのは地方にいるウブスナの神だというのです。つまりトップダウン式ではなく、ボトムアップ式の幽界論ですね。死後の裁きについても、地方裁判所から一審二審にいくようなものです。まずウブスナ神が裁きを行い、それを地域の総合的な神様の会議にかけ、最終的にそれを大国主のところに持っていく。このような面白い幽界論を展開していきます。ここでは、顕界つまり表の世界というのは、幽界に行くための準備段階のようなもので、たしかに顕界は天皇が支配するのだけれども、もっと大事なのはその先だという議論になります。つまり、幕末の神道は一本線で天皇主義の国家神道に結びつくわけではなく、そういった多様な動きもあったのではないかと思います。

伊藤　原武史さんが『〈出雲〉という思想——近代日本の抹殺された神々』（公人社、一九九六年）で書いているように、幽界の問題について、神道は来世に関わらないと言った段階で、出雲側を切りましたので、平田篤胤や六人部是香の議論もすべていらなくなるわけです。幽界の問題は、本居宣長の時代からずっと問題になっているのですが、宣長は来世と黄泉の国は関係ないとか、生きているときに悪いことしたからといって、あの世でどうかなるわけではないと考えて、仏教的来世観との関係を断ち切りました。しかし、平田篤胤は幽界としてこの問題を追求したわけです。このあたりの議論は面白いですよね。

末木　近世の国学思想のなかで、服部中庸《なかつね》が『三大考』（一七九一年）を書き、国学神道の世界論、宇宙論をはじめて作りました。宣長の場合、『古事記』にはこう書いてあるという文献解釈でしたので、世界観としてまとめることはむしろ拒否するわけです。ところが、服部中庸は『古事記』の内容を、宇宙生成から来世論まで体系化し、当時の蘭学的な自然科学論まで包括する形で、つまり太陽・地球・月という天体論を中へ入れ込む形で、世界観を作っていきます。宇宙の生成論から始まり、来世まですべてを含んだ総合体系になっていき、それが平田篤胤からその門下へと続いていきます。その頃の神道は非常に雄大な世界観を作っていたわけです。ところが、それが明治時代に国家神道化していくなかで、すべて断ち切られていくのです。

伊藤　興味深いのは、江戸前期には、南蛮天文学、つまり地球説が入ってきた時に、仏教批判の文脈で神話を使ったということです。南北朝時代の忌部正通《いんべのまさみち》の撰とされる『神代巻口訣』という『日本書紀』の注釈書は、実は江戸時代初期の偽書なのですが、その中で地球説を取り入れています（海野一隆『東洋地理学史研究　日本篇』清文堂出版、二〇〇五年）。その後になると、日本はすでに中世から地球説を知っていたという話になり、仏教より進んでいるのだと言いだします。ヨーロッパの天文学をどういう風に神道の方で引き受けるのかが問われたのですね。仏教の方は自分たちの体系化された天文学があるので、それは難しかったのだと思います。ところが、神道には自前の宇宙論などないので、キリシタン経由の南蛮天文学から地動説に基づくより新しい天文学まで、次から次へと入れられるものはすべて入れていきました。

神のペルソナ化と神道

山内　わたしの三代前までは山伏、修験道に関わる家でしたが、明治維新の時に廃仏毀釈で無理矢理神道に転向させられました。そのため、お葬式は今でも神葬祭といって神道で行うのですが、仏教とはかなり違っています。生きた鯉を殺して神棚に捧げるのですが、葬式で鯉を殺して捧げるのは、いったい何なのだろうかと思っていました。また、鉈、包丁、日本刀でもよいのですが、死んだ人に必ず刃物を抱かせます。結界を作っているはずですので、魔物が寄ってきて魂を持って行かないようにすると理屈づけられてきましたが、それはおかしいですね。吉田神道が神葬祭を作っていったという話を伺いましたが、なぜ刃物がそこに取り込まれたのかは、疑問に思います。神道は、結婚式といったお祝いの席に関しては非常に理論化しやすいのですが、葬式に関してはどういう理論背景を持つのでしょうか。

また、西洋のキリスト教との関係で言うと、キリスト教、イスラーム、ユダヤ教は一神教ですので、神のペルソナ化と申しますか、「父」としての性格が強いものがあります。また、仏教の場合も、いろいろな仏様がいますが、どの仏様にも必ず名前がついており、こちらもペルソナとしてかなり特徴を持っています。しかし、神道の場合は、カミ、モノ、タマ、火、忌、血などいろいろな概念がグラデーションをなしていて、ポテンシャルのような、場の構造になっています。たとえば、山の神様は基本的に偏在していて、形なきものであるということをわたしは子どもの頃から教えこまれています。山の神の祠を開けても何もないのですが、むしろ、それが神様であるということです。

ある儀式を通じて、たとえば、山に登って神様と一体化するとか、四月になり神様が山から降りてくるとお祭りをして人々と一体化して帰りなさるといったイメージもあります。それはペルソナ化していないような神様のイメージですね。新海誠の『君の名は』（二〇一六年）に「結び」がよく出てきますが、新海誠さんは日本人の古い奥底にある神様概念を扱っている気がします。

このように神道には、神様を人格化しないような流れがありますが、その一方で、お盆、御霊信仰、祖霊信仰など、神様をペルソナ化、人格化していく流れもあります。はたしてペルソナ化に向かう方が主流であって、向かわない方は世俗的、民衆的、低いものという感じで捨て去られていったのでしょうか。この二つの方向性について教えていただければと思います。

伊藤　明治維新以前の民間信仰には、仏教とも神祇ともつかないようなものがよく見られました。修験道などはその典型です。それらの多くの部分が神道に吸収され、改変されます。ですので、最初に言われた儀礼でも、たとえば神葬祭などは新規に作り出されたもののひとつで、伝統的な由緒などありません。現在、神主が神道の儀礼として行っている祭祀のなかにも、陰陽道や修験道由来のものも多いのです。つまり、陰陽師がやっていたことが神道に切り替えられたのです。さらにいえば、近代以前の神祇信仰がすべて神道という形に集約されたかというと、そうではありません。国家や天皇に取り込める部分については再編成していったのですが、そうでないものはすべて排除していきました。この政策に対して、南方熊楠などが強く抗議したわけです。つまり、小さな神々をどんどん捨てていったのが近代の神道なのです。

そのために、かつての見えないものが遍在していると信じるような信仰は、周辺に追いやられてしまいました。それに対して、ペルソナ化する神の流れはどうであったか。たとえば、ある特殊な状況で、天神様のように王権と絡めて祀り上げていったり、神道理論のような形で天照大神のような特定の神を実体のあるものとして出していく流れですね。さらには、絶対神的な性格を帯びさせることもありました。吉田兼倶《かねとも》らが考えていた「大元尊神」という観念は明らかにそういった指向のもとに作られたもので、儒教や道教などの要素を自分たちでアレンジして構想したものです。そうしたペルソナ化する神の流れと、民間の信仰とは明らかに齟齬をきたしていたと思います。その上で、近代的な神道による再編成がありました。国学者や神道家など、古典や神祇制度について知識のある人たちが、すべてを組織的に変えていったのです。ただ打ち壊していったわけではなく、体系的・遡及的に入れ替えたために、それ以前のものの痕跡は非常に見えにくいものとなりました。神道を中世的なものに復元するのはそう簡単ではありません。

中島　よく考えてみると、そもそも神は見えてはいけない、現前してはいけないのかもしれません。しかし同時に、どこかで何らかの仕方で、神は見えないといけないわけです。見えない神とペルソナ化される神は、こうした根源的なパラドクスのなかにあります。問題は、近代になって、神がかなり限定された特定のペルソナに仮託されてしまったことですね。議論にあったように、もともと神道には異質なものが混ざり合っているのですが、近代になって意図して取捨選択し、ひとつの「神道」なるものにまとめていったわけです。記憶が消されてしまったために、復元作業は難しく、いったいどこに向かって復元するのか、それ自体もよくわからない状況だろうと思います。

わたしの問いは、こうした歴史的な配置の中で、二一世紀に神道をどのように考えることができるのだろうか、ということです。東京文化資源会議の社寺会堂研究会には神田明神や湯島天満宮に入っていただいていますが、両者にはそれぞれ独自の歴史もありますし、近代に伊勢中心に再編成された神道とはかなり異なるようにも見えます。神道は近代的な一元化ではなく、より多元的な方向に向かうことはできないのでしょうか。

「土」というエレメントから見る宗教性——大地という水平性の観点から

中島　こうした神道の多元性を考えるためにも、修験道のような伝統を考え直すことは大変重要だと思います。山内先生は、『湯殿山の哲学——修験と花と存在と』（ぷねうま舎、二〇一七年）のなかで、修験道をスコラ哲学との重なり合いから見事に論じられています。そこで、とりわけ印象的だったのは「花」というエレメントの分析でした。今回のご論文では、「花」ならぬ「土」というエレメントに焦点を当てていただきました。

大地は、近代において両義的な意味を持っています。一方で、近代が忘却しようとした大地に回帰し、近代を見直すことであり、他方で、ナチズムに極まりますが、大地をロマン化し、近代を徹底していくということです。こうした非常に厄介な構造を見据えた上で、あらためて「土」というエレメントを考え直していこうというのが、山内先生のご議論の中心だったかと思います。

印象的なのは、『カラマーゾフの兄弟』（新潮文庫、一九七八年）で、アリョーシャが大地に接吻をする場面に焦点を当てていただいたことです。そして、この場面が、井筒俊彦の議論に根本的に関わってくるという見通しをお示しになりました。確かに井筒俊彦は初期に『ロシア的人間』（中公文庫、一九八九年）を書いています。井筒俊彦にとっての大地はどういうものであったのか。かつて鈴木大拙と井筒俊彦の関係について考えたことがあるのですが、鈴木大拙の霊性にとっても大地の問題はとても重要でした。ただ、その大地性は、ナチズムが大地を主張するのとほぼ同時期でして、それとどう同じでどう違うのか。井筒においても、この問題が問われるように思います。

関東大震災後の神田神社と湯島聖堂の再建に関わったのは伊東忠太です。彼は築地本願寺を作った人でもあり、大谷光瑞と親しくしていました。伊東忠太の建物には、水のエレメントがあり、屋根に見られる魔除けの小動物は水の化身ですね。中国の儒教関係の施設とは異なって、火事が多かったからでしょうか、湯島聖堂は、水の象徴である黒い色の壁で建てられています。火を意識した水のエレメントですね。火と水は矛盾するエレメントですが、それらをもし繋ぐものがあるとするならば、それは土だろうと思います。

わたしは鈴木大拙や井筒俊彦のものを読みながら、二一世紀の宗教性を考えるときに、ある種の

「地上的な普遍性」を考えることはできないだろうかと考えていました。つまり、天の普遍性、天から降りてくる垂直的な普遍性ではなく、もっと水平的な普遍性を、大地の上で考えられないかと思ったのです。しかし、その場合の大地は、ナチズムに堕ちるようなロマン化されたものとは異なる姿をとるはずです。しっかりした基礎としての大地、垂直にすっくと立つ壮麗な建築物をその上に立てて、人が住まうような大地ではなく、水平的な弱い横の繋がりを支えるような、不安定なエレメントとしての大地ですね。こうした大地の上に展開する、弱い横の繋がりのようなものが、イスラームにしてもロシアにしても、見出されるのではないでしょうか。また、山内先生がお考えになるように、イスラームとも繋がりうるような東方正教会の議論にも、象徴的な言葉や概念として土というエレメントがあり、そのなかでも別の仕方で大地について考えられるのではないでしょうか。

今日的なカトリック的転回を主導している一人であるチャールズ・テイラーは、以前のカトリックに戻れと言っているのではなく、マテオ・リッチを目指すべきだと述べています。マテオ・リッチはキリスト教を中国に「土着」させたために、儀礼の問題においてカトリックを変質させたという批判をローマ教皇から受けました。しかし、こうした土着化のプロセスのなかで変容していくキリスト教や、そこに関与したマテオ・リッチこそが、多文化主義の時代には重要だと言うのです。それを踏まえますと、マテオ・リッチは超アウグスティヌス時代のひとつのシンボルなのかもしれません。

宗教と大地性――イスラームの観点から

山内　やはり土にこだわってみたいと思います。ドストエフスキーは「土壌主義」という言葉を使います。それは、一般の民衆は土であって、そこを基盤にしないとキリスト教は生き延びていけないという意味です。いわば民衆に返れということですね。民衆に返ることで、上に立つ聖職者たちによるキリスト教ではなく、民衆に根差した信仰を大事にするわけです。ところが、土壌主義という言葉は発展せず、民主主義という曖昧な形になっていきます。

イスラームとの関係を考えますと、イスラームにシャハーダという信仰の言葉があります。「ラー・イラーハ・イッラッラー」つまり「神様の他に神はいない」ということで、神の唯一神論的なあり方を指しています。信仰の言葉そのものが、宗教的な共同体を作る儀式となっていて、その中身の理解よりも、シャハーダを唱えることで、ウンマという宗教共同体の一員になるというのです。つまり、民族や国家ではなく、宗教共同体の中に人々を取り込もうとする発想がイスラームのなかにはあるわけです。それはロシアから言えば、ウラディミール・ソロヴィヨフの「全一性」という言葉で表現されるものです。それは、すべてを普遍性の中に解消するのではなく、個々人の特性を残したまま取り込むものとしての全一性です。ソロヴィヨフは、そうしたモデルのひとつに「大地」を据えました。ところが、すべての人を受け入れる大地の限界として、腐敗や再生という科学的な問題が生じてきます。それでも、全一性の話は、案外、土の問題を考える場合には繋がってくる可能性を持っていると考えています。

土から見る民衆と「このもの性」

中島 今、ちょうど新型コロナ禍のなかで、わたしたちはいろいろと考えさせられています。パンデミック（pandemic）、これはパンデモス（pan+demos）ですから、すべての人に関わるという言葉です。すべての民衆に関わるというパンデミックという問題を、わたしたちが本気で考えてこなかったツケが回ってきているのだろうと思います。「民衆のために」と言いながら、実は、民衆不在が横行しているのではないか。大地の話も、大地に根差すと言いながら、実は民衆不在の大地性に掠め取られたことがありました。ヒトラーは「フォルクローゼ（volklose）」ということを言ったようですが、「民衆なしに」が理想だというわけですね。なるほどナチズムは大地に根差すと言うのですが、実は民衆はいらない思想だったわけです。

それに対して、山内先生が土壌主義ということで引き出そうとされているのは、宗教が民衆に関わるとはどういうことかというラディカルな問題です。それは、ある種の普遍主義に還元されたり吸収されたりするようなものではありません。中世のスコラの議論を山内先生がなさるときに「一（いち）」とか「このもの」という問題を議論されます。それは、パーソナルと言いますか、あるいはペルソナと言いますか、何か独特の仕方で現れてくるものです、簡単に全体に還元されるようなものではありません。それとパラレルな議論をなさっているように思いますがいかがでしょうか。

山内 「このもの性」というのは、個体性の問題です。個体性は、ある意味で西洋的な枠組みでの普遍的なものに個別状況を付け加えていくことによって、個体が最終的に現れてくるというものです。そこでは、条件が揃っている方がより個別性を備えた個体であることになります。それに対する反論として、ジル・ドゥルーズはサンギュラリテ（singularité）、つまり特異性としての個別性が最初であると主張しています。ある意味では、井筒俊彦が言っているような世界も、最初にある根源的なもの（絶対零度とも言っています）に、すべてのものがあり、そこから分節化して現れ、最終的に個体があるというイメージです。案外、井筒俊彦とドゥルーズは、似た構図で考えているところもあると思います。個体が大地の中にあるとは言えませんが、それが潜在的に宿しているイメージは大事だと思います。個体性は普遍性に還元されるのではなく、普遍全体のなかに入っていながらも、そのなかからある何かが顕現してくるわけですから、大地のエレメントとも重なる話だという気がします。

大地性というエレメント

末木　どうして鈴木大拙が『日本的霊性』で「大地」ということを持ち出すのかと思っていました。大地には両面性があり、ひとつはナチスとの同時代性があったのかもしれません。他方では、そういう時代的状況とは無関係の方向で、広い問題に繋がっていたのだと思います。五行説でも土は、根本であり、中央です。大地、水、火は、すべてを生み出す根源性のようなものを想起させますが、リアルであって抽象化できないようなものなのでしょう。思想は抽象化されますが、それを抽象化されない大地性にどう結びつけるかということです。

先ほど申し上げた六人部是香は、ウブスナという形で土地に根差していきます。幕末の神道は、キリスト教の影響を受け、様々な要素を取り入れていきますが、六人部是香もキリスト教をよく知っています。そのために、死後の裁判みたいなことも持ち出してくるのですが、常に一番の押さえどころをウブスナに持っていくという形でトータルな世界観を作ろうとしました。

近世では、地域に完全に根差していたものがまさに修験であり、修験のもっている文化的な包括性には奥深いものがあります。たとえば一番大きなものは医療ですね。修験者は膨大な知識を持ち、民衆に頼りにされ、医者の役割を果たしていました。先ほど印刷文化の話が出ましたが、印刷文化は都市を中心に発展した一方、農村は写本文化です。寛永時代に入り印刷文化になっても、誰もが本を買うものではないために、貸本文化が発展します。農村ですと、旧家がたくさん本を持っており、なかには印刷本もありますが、古い写本を代々伝えていました。それを村の人が借りて読むわけです。近世の終わりごろには、文化水準は相当高くなります。近世末の神道には、そうやって修験などが築いてきた文化を神道の中へ取り込んでいくようなところがあります。今、お話を伺いながら、失われゆく大地的なものを、神道で再構成することをしていたのではないかと思いました。ある意味では、ロシア的なもの、ドストエフスキー的なものを、一九世紀の日本の神道は、実はかなり自覚していたところがあるのではないでしょうか。

山内　先祖は修験道ではありますが、わたしは修験道を実践していません。修験道には、虫歯が痛いときや、疳の虫が出たときはどうするのかという決まりがあり、ある意味での儀礼性を含んでいます。土は力の元ですので、土をどう制御するのかは大事な論点です。土との関係で言いますと、食器や道具を使わないで、土を道具としてお米を炊く方法もあります。土を掘って、葉っぱを敷いて、お米を乗っけて、葉っぱを敷いて、その上で焚火をするとお米が炊けるのです。

伊藤　修験の話が出ましたが、土地の区割りをしたり、穢れが発生した場合には浄化したりする作業が必要でした。そうしたことは、実は陰陽師という、別の職掌が担っていました。陰陽師は中近世を通じて土地を管理します。神道は穢れを忌むために、土地の浄化自体には直接的に関与しません。ところが、幕末になって陰陽師が消えますと、神主がそれを担うようになりました。地鎮祭というのがそれです。むしろ神道が彼らの仕事を奪い取ったと言った方がよいかもしれません。神道は宗教としては不十分なところが多かったために、様々な儀礼を修験道や陰陽道から引き継いでいるところがあります。

大地の話ですが、大地性が神道にあるかのように言われるのは、後から付け加えられた感覚だと思います。近代になると、国民国家を作っていくなかで、本来自分とはまったく繋がっていない土地を、あたかも自分の土地であるかのように言ってみたり、自分たちが植民化した土地、たとえば満州に大地性を感じるようなったりなど、かなり錯綜した状況になります。中国大陸のように見渡す限りの平原がない、狭隘な日本の景観は、完全に区割りされている土地ですから、大地といっても感覚は相当違うはずです。土の場合も、思いのほか、土地神といいながら産土神というイメージしか沸いてきません。

山内　土というのは、ひとつの純粋な概念であるかのように見えますが、それは西洋的なエレメント概念にすぎず、日本で土を考える場合は、いろいろな複雑な背景があるということですね。

日本の儒教における変容

中島　では、ここで儒教について考えてみたいと思います。江戸時代に儒教がある程度の浸透をしたのは、一八世紀後半です。逆に言うと、江戸時代に儒教が流行したという考え方は後から作られた見方です。日本が本格的に儒教化していくのは、さらに後になって、明治になってからです。国家神道というのは、儒教と神道のアマルガムですので、明治以降に作られた近代儒教のあり方も考え直したほうがよいと思います。近代儒教のなかでも近代陽明学は「内面」を徹底的に強調しましたので、「心」概念が浮上していきます。近代の中国では孔子教という概念で、儒教を宗教化する方向に進もうともしましたが、日本は同じ孔子教でも、宗教ではなく国民道徳へと展開していきました。その中核を担ったのが近代陽明学です。もちろん、近代陽明学はそう単純ではなく、中江兆民の系譜のように、もっと民衆に根差した儒教を展開する可能性もありました。その後、戦後になりますと、戦前の国家神道に寄与した儒教を切って捨てます。そして、それと同時に、民衆の儒教も消えてしまったのです。今、日本の社会で儒教について尋ねても、おそらく誰も具体的なイメージを持っていないでしょう。それは、戦前的な記憶をとにかく消そうという戦後のひとつの決断だったと思います。末木先生のお話のように、東京は江戸の歴史を消してきたわけですが、戦後もまた戦前を消すという決断の上に成立したのです。それでも痕跡は残っていますし、消されたものが形を変えて噴出してくることも往々にしてあります。そういったものをどのように考えればよいのか。これが二一世紀の課題だろうと思います。

末木　近代の儒教は国家神道に組み込まれる面も

ありますが、他方で教育勅語の問題があり、少なくとも形式的には神道に結びつかない形でいくわけです。むしろ、教育勅語を通して日本化、近代化された形で、儒教の組み換えがなされているのではないでしょうか。

中島 はい、その面はあると思います。島薗進さんは、教育勅語を通じて日本の学校が一種の教会になり、儒教の宗教化が進んだと指摘したことがあります。中国では儒教というと、「仁」「義」を強調すると理解されていますが、教育勅語では「義」の代わりに「和」が入ってきました。ところが「和」というのは、儒教的な枢要徳というわけではないのです。そういう意味でも、日本的に近代化された儒教が教育勅語には詰め込まれています。先ほど、儒教の宗教化を日本の学者たちは避けようとしたと述べましたが、実際にやっていたのは、ある種の宗教化だったと言ってもよいかと思います。つまり、近代の神道と同じで、神道も宗教性を否定しつつ宗教性を含んだ広い働きをしたのと同じように、儒教にもあるタイプの宗教性が含まれてしまったのだと思います。

末木 近世の儒教は、寛政異学の禁あたりで広がりますが、重要なのは、それが地域化の問題にも関わっていたということだと思います。いわゆる藩校は、古くからあるわけではなく、幕末近くになってから多く作られました。むしろ、儒教教育は藩校を通して、幕末から明治にかけて広がっていったと言った方がよいかもしれません。ただし、東京帝国大学は、昌平坂学問所から発展しながらも、その中核が消えていくというプロセスからでき上がっていきましたし、地方の藩校の多くも旧制中学校に組みかえられました。今の地方の高校にも、もとは藩校に由来するというところが多くあります。熊本県立の濟々黌高校のように、近代になっても、藩校時代の精神を掲げて、これが創立の精神だというところもあります。つまり近代になり、日本の中等教育が地域のそれぞれに根差していく過程で、儒教もまた地域に根差していったのです。そのなかで、師範学校もまた重要な意味を持ち、儒教を根づかせていく大事な要因になったかと思います。

藩校を基盤にした儒教の普及

中島　湯島聖堂は、現在でも、藩校サミットという昔の藩校を繋ぐ取り組みを行っていると聞きました。末木先生がご指摘のように、新しいタイプの人材養成が必要であることから、寛政の改革の後、藩校は爆発的に増えます。そして、明治になりますと、教育勅語の作成に深くかかわった熊本の儒者である元田永孚は、地方教育にも手をつけようとしました。そこで、自分たちの望むような儒教教育を展開しようとしたのですが、面白いことに、地方のほうが反発したために、望む方向には進められませんでした。地方には、それ以前から続いていた儒教教育があり、自由民権運動を支えたものもあったためです。元田永孚のやり方は「国体の尊信」を課すなど極端なものだったために、福沢諭吉などもそれを厳しく批判しています。そういう意味で、近代的な教育をどうするかをめぐる論争のなかで、儒教をどう考えるかは相当重要な問題でした。

伊藤　「義」が重要視されなくなったり、元田のような国体思想に傾斜した儒教教育を試みたりすることは、儒教の日本化というものではないでしょうか。日本化するということは普遍性を失っていくということです。日本という地域にだけ有効なものに変容させることで、国内的には普及も早く、絶大な有効性を発揮します。しかし、一歩国外に出れば普遍性がないため、有効どころか、より悪い結果をもたらすこともあります。

中島 そもそもは徳川幕府が儒教の普遍性を恐れていたと思うのです。儒教を導入しようと思えばもっと早くからできたはずですが、それを避けていたのだと思います。というのも、儒教と本格的に対峙すれば、正統性の問題にすぐさまぶつかり、うまく対処しないと理論的には徳川政権が崩壊しかねませんから、怖かったのでしょう。

伊藤 李氏朝鮮は実際に実行したわけですので、仏教国家から儒教国家に完全に切り替えてしまうことはできたはずだと思います。

中島 その道もあったはずですが、それを支える理論的なもの（清朝に対する朝鮮王朝の優越のようなもの）がおそらく整備できなかったのだろうと思います。寛政の改革の頃にはすでに人材が払底していましたので、どのようにして新しく人材を育てるのかが課題になります。科挙を導入し、儒教教育を行って立て直す以外、打つ手はなかったのでしょう。しかし、そこで本当に儒教を普遍的なものとして理論的に受け入れたわけではなかったと思います。

しかし、明治になりますと、ヨーロッパ的な普遍に対峙するために、儒教を持ち出さざるをえなくなります。さらにその後、日本は帝国となりますから、帝国である以上、何らかの仕方で普遍を主張する必要が出てきます。そうすると、何としても日本の近代儒教は普遍的だと言わざるをえないわけです。現実の中国に対するオリエンタリズム的な蔑視も利用して、本来の儒教は今の中国ではなく、「神ながらの道」と融合することによって、日本においてより高次に実現したと主張したわけです。とはいえ、それは冷静に見れば、一種の日本化にすぎませんから、帝国を統治する論理としては使えません。「王道楽土」を唱えた満州経営での儒教導入の失敗はそれをよく示しています。日本の近代儒教は、普遍的なものには真に開かれなかったのだと思います。

王道と皇道——権威の根拠の所在

伊藤　近世儒教でも、王統の連綿性を正統性の担保にすることをすでに試みていました。王朝が変わらないところが、中国よりも優れているところだとして、本来はまったく縁もゆかりもない天皇を儒教に結びつけました。そのときに根拠にしたのが、倭人は呉の太伯《たいはく》の子孫であるという『魏略』や『晋書』倭人伝の話です。この説話を支持する者は、中世まではほとんど日本国内にはいなかったのですが（記紀の起源神話とまったく齟齬するからです）、近世になると俄然関心が高まり、林羅山や熊沢蕃山もこれに与し、起源論的な説明を試みました。儒教と同根から日本の天皇家の血統は生まれていると説明しようとしたのですね。こうした正統性の担保は、近世では机上の空論でしたが、近代ではそれが帝国化のよりどころとなっていきました。近世の太伯をめぐる議論で、彼が琉球や奄美を経由して来日したなどと憶測されたりしていますが（藤貞幹『衝口発』）、これなどは近代の日本民族南方起源説の先駆となっています。

中島　井上哲次郎が考えたのは皇道という普遍です。それは、儒教的な王道にも優越するものです。当時、中国では、孫文を中心に「三民主義」を説いていましたが、それを批判して、孔子の子孫を君主とし、日本の皇道に倣って、王道を行うべきだと主張したのです。孔家は中国において連綿たる血統が確認できるからです。最晩年の西田幾多郎が論じたのもまた、皇道でした。

末木　結局イギリスが帝国としてなぜ成立するかというと、イギリスの王は神から指名されるからです。神の唯一性が帝国と王の共通の根拠になります。それに対して日本の帝国は、そのような根拠を持てず、帝国としての思想的な欠如が露呈しました。

幕末の平田派は、日本の正統性を普遍化しうる理論を作ろうとしました。つまり、宇宙生成から始まり、地球の成立も、カミガミが作ったという理論を作ります。なぜ日本だけにその説が伝わったかというと、日本は小さい国だけれどもカミガミが地上の根本の場として作ったところだからだというのです。他のところは、日本ができたときの余り物であるから、世界中の国は日本を崇拝しなければならない。そういう理論へ持っていくわけです。それはそれで一応、筋は通りますが、誰も納得しない理論になってしまいました。

中島　帝国日本は、思想的な根拠として国体を言いましたが、あんなに守ろうとした国体は何だったのか、何を本当に守りたいのかについて、誰も満足に答えられませんでした。

末木　早い時点で森鷗外が「かのように」と言います。やはり、理論的に詰めていけば「かのように」にしかならなかったのです。

近世・近代における儒者の役割と儒学

山内　寛政の改革あたりから、藩校がたくさんできたというのは面白いと思います。宗教改革以前に、イエズス会が人材を養成する際に、一冊の教科書でたくさん人材を養成していきました。しかし、教科書の内容よりもラテン語を使えるということが大事でした。当時、ラテン語は、世界中に宣教師を送る場合のコミュニケーション手段、つまりメディアを使いこなせる能力でした。ラテン語を使えるということは、コミュニケーションの内容を正しく理解し、それを伝えられるという能力の証左だったのです。現在であれば、コンピューターの運用能力と同じですね。内容よりも、むしろラテン語を運用できる能力を養成する素材として神学書や論理学の本などが読まれたのです。儒教の場合も、幕末から明治にかけての文人の漢文運用能力が高くて驚きますが、そこでもテキストに書かれている内容よりも、漢文運用能力を養成するという側面はあったのではないでしょうか。

中島　おっしゃる通りだと思います。いまだに漢文の授業が日本の学校教育にはありますが、漢文で扱われている内容はかなり特殊なものです。しかし、それが問題なのではなく、言語の運用能力を広く育てることが重要だったのです。中国でも、朱子学が科挙に取り入れられるのは、相当後になってからでした。人材育成の手法が整備されるなかで、朱子学を取り入れたわけです。日本の漢文識字能力は、一八世紀末から飛躍的にあがっていきます。それがなかったら、明治維新をあのような形で乗り切ることは、ひょっとするとできなかったかもしれません。新しい人材育成がポイントだったのだろうと思います。

伊藤　儒者には、思いのほか、町人や農民出身者が多いですね。彼らがこぞって勉強するのは、彼ら中間層にとって、学問で身を立て儒者として認められることが、身分上昇の唯一のチャンスだった側面もあります。だから優秀な人材ほど勉強に人生を賭けたわけです。

末木　先ほどの修験もそうですが、儒者も基本的に医者を兼ねます。むしろ、医者はだいたい儒者でして、まず儒学を勉強していないと医者にはなれません。医者の需要は多いので、おそらくそうした理由もあると思います。儒学は実用学といったところがありました。

伊藤 本居宣長も、堀景山のところで儒学を学んで医者になり、趣味として国学をやっていました。

中島 儒教は何でも治められるのです。病を治すと言いますが、病気も治める対象なのですね。儒家は治めるスキルを有していて、それが政治でも、経済でも、言語でも、心身でもかまいません。儒教はいわばガバナンスのスキルなのです。とはいえ、近代では、それが西洋的なガバナンスとぶつからざるをえず、中国では儒教が消えるのに対して、日本では本格的な儒教化が起きました。奇妙な転倒が東アジアで起きたのです。

総合討論——二一世紀における宗教性

中島 では、今までの議論を踏まえた上で、まとめの議論をしたいと思います。二一世紀において、宗教性について語る場合に、何か概念を洗練することで、それに迫るチャンスはあるのでしょうか。たとえば、「民衆」はどうでしょうか。東京において、民衆の観点からすると、仏教、儒教、神道、キリスト教、イスラームとはどういうものであったのか、そしてどういうものでありうるのか。もうひとつは、現在のような危機における宗教性です。精神文化が展開するなかには、いろいろな歴史的な経緯があったわけですが、今の新型コロナウイルスのパンデミックにおいて、どう精神文化を深めていけばよいのでしょうか。さらに、ポスト世俗化における宗教性も重要な課題かと思います。

末木　民衆と一言でいうのはなかなか難しい面があります。かつて民衆というと、左派系の人たちがそれをロマン化し、理想視したところがありました。しかし、現実の問題として、民衆というまとまったものは基本的に存在しません。むしろ「大衆」という言葉になるかと思います。この問題を考える際に、地域差ということが、非常に重要だと思います。

日本は狭いところですが、江戸時代にはそれぞれの藩が、半独立的な形で並立していました。それを近代になって、中央集権化して一気にまとめ上げたわけです。近世の江戸を見ると、いろいろ新しい都市機能を作るために、職人や商人が地方から都市へと流入してきました。「江戸っ子」と言われるのは、もとをただすと、農村などであぶれた人が江戸に流れ込み、職人になった人たちです。彼らがある程度定着することで、花開いていったのが江戸文化です。明治になると、今度は特に東北から労働力として人々が入ってきました。

京都と東京の両方を見た経験からすると、網野善彦が言ったように、日本は東と西は別の国と考えてもよいくらい違っていると思います。西の人たちは、地方から働きに出てくる場合、まず大阪に行きます。東京の場合は、基本的に東北から来ています。東北はもともと幕府方についたことから、新政府になったときにいじめられ、どんどん貧困に陥り、その分、労働力として東京に流入します。そういう形で、明治以降、東京文化ができていきました。

そうすると、現代の東京文化では、かつての江戸文化はほとんど消えたことになります。たとえば、食べ物にしても、江戸料理の系統はほとんどありません。東京には何でもあるけれども、これが東京のものだという地域性は失われています。

ほとんどの人は孤立した形で、他の地域から流入してきたからかもしれません。近代の東京文化は、それまで地方において下から積み上げていったような地域文化とは、かなり性質が違うのではないかと思います。

仏教の場合でも、東北の大震災で被災し僻地化しているところでは信仰が篤いのですが、それでも継承は難しくなっています。逆に都会では、かつての檀家制度は成立しえない形になっています。そういう意味での地域差が、特に都会とそれぞれの地域の問題というのが、重要な問題ではないかと思います。

伊藤　これまで、日本の近代化の問題を江戸時代から解き起こし、なぜ日本がいち早く近代化できたかという議論が数多くなされてきましたが、二一世紀に入り、東アジア諸国を見ると、遅速はあっても結局は同じような地点に立っているようです。現在の日本社会を見ますと、スピードを重視したあまり、対峙し乗り越えることなくやり過ごしてきた自らの前近代的要素のために、新しい事態に対応できず、立ちすくんでいるように思えます。先ほど日本儒教における「義」の軽視の問題も出ましたが、本質的な部分を捨象した形で日本化されたモデルは普遍性を持ちえませんので、二一世紀の新しい指針になりうるのかは疑問です。日本の絶頂期だった八〇年代に、日本的モデルが調子よく吹聴されていましたが、数年しか持ちませんでした。結局、スタンダードなものになりえなかったのです。日本的適応は、普遍性を失うこととトレードオフだったのです。これと同じようなことを繰り返さない方がよいということは確かだと思います。かつての多くの日本人論における日本的なものについての議論は、最終的に日本特殊論になり、なぜ日本はうまくいくのかということに回収されました。つまり、現状の追認として の日本優越論だったわけです。まして、優越的地位でなくなった現在、そのような議論は無意味だと思います。

山内 少し外れるかもしれませんが、今、『世界哲学史』シリーズ（伊藤邦武、山内志朗、中島隆博、納富信留責任編集、ちくま新書、二〇二〇年）の編集をしておりまして、世界哲学と言っても同時期にひとつの概念が世界を覆うことはないため、「世界」自体が普遍概念ではないのだとしたら何なのかと考えていました。近頃、それは媒介概念ではないのだろうかと思っています。要するに、個人と普遍的なものを媒介する概念を洗いなおす必要があるのではないでしょうか。

日本でいう「世間」を阿部謹也は「保守的なもの、封建制度の残存物」として否定しました。福沢諭吉は、ソサイエティーを「社中」や「会社」と訳しました。それらを踏まえた上で、中間的、媒介的な組織について考える必要があるのではないかと思います。その場合、古い概念ですが、義理と人情をもう一度考え直したいと思っています。義理と人情で世間を考える場合、ヨーロッパではアラン・コルバンや、ジャン・ジャック・クルティーヌらが『感情の歴史』全三巻（藤原書店、二〇二〇年）を出していますが、参考になるように思います。儒教も、感情の分類に関して検討してきましたが、ヨーロッパの感情の歴史に対抗できる形で整備することもできるのではないでしょうか。このように中間的な媒介集団の構成原理を見ることによって、もう一度、儒教や荻生徂徠、日本の古い思想を見直すきっかけになるのではないかと思います。また、世間、中間的な共同体を捉えなおすということは、もしかすると村の祭りを復興する場合のきっかけになるのかもしれません。

世俗化の問題につきまして、二一世紀における宗教の問題として、チャールズ・テイラーがポスト世俗化の時代を論じました。彼の図式で言うと、中世はインカネーション（incarnation）、受肉です。その後、近代になると一五〇〇年から二〇〇〇年までがエクスカネーション（excarnation）、脱肉化ですね。つまり、肉体性を外し、天使に近づくような人間というイメージが作られます。インカネーションとエクスカネーションの後について、彼は論じていません。もし我々が論じるとしたら、インタカネーション（inter-carnation）という、もしかすると電子的な場面で、変容した形での身体性の媒介というのが可能ではないかと思います。チャールズ・テイラーは、アガペーという古い概念を持ち出しましたが、彼の主張の芯をとらえるとすれば、電子化された環境における人間のコミュニケーションの場面を含むことも考えようとしているのかと思います。

中島　中国古代を文化人類学的に探究するマイケル・ピュエットは、リチュアル、儀礼の問題がまさに今考えるべき概念だと言っています。彼にとってのリチュアルとは、わたしたちの生きている世界がばらばらに分断されていると了解した上で、そこに少しでも橋を架け、断片をより合わせていく作業のことです。儀礼は感情に基づいた規範であって、それによって感情を深めながら自分たち自身をトレーニングするというのです。確かにわたしたちは、ちゃんと喜べるのか、泣けるのかと考えてみると、実はなかなかできないわけです。感情に根差した規範をリチュアルだと定義することは、そういったものをもう一度、考え直す提案だと思います。

理性や神に基づく規範ではありませんから、感情に基づく規範は弱いものです。それは、神を持ち出すような垂直的規範ではなく、水平的なものかもしれません。そういった弱い規範が生じる場所として「世界」や「世間」を考えることができるかもしれません。ちなみに、これは二つともサンスクリット語のローカ・ダートゥloka-dhātuの翻訳語で、もともとは同じ意味です。すなわち、lokaは「人間の住む場所」という意味で、dhātuは「層」という意味です。そういう中間的な場を開いていく働きを、わたしたちは、宗教や哲学に求めてもよいのではと思います。そうしてはじめて、普遍的なものに向かっていく方向性が見えてくるのではないでしょうか。

二〇世紀に日本が失敗したのは、手前勝手な普遍性を作ったために、誰も見向きもしなかったからです。しかし、もし感情に基づく弱い規範のような仕方で、普遍に開かれていく概念を練り上げていけばどうだったのでしょうか。単なるお仕着せの普遍性ではなく、そこに巻き込まれていく人たちも変容していくような普遍性ですね。そうした普遍性はそれ自体がたえず批判的に検証されなければなりません。それこそ「吾が仏尊し」にならないような普遍性が、二一世紀にはあらためて問われているのだと思います。

そうすることで、ようやく地域的な違いや差異を尊重できるような方向にも向かうことができるのではないでしょうか。地域性を消し、ロマン化された日本に基づいた普遍性に統合することは、身体性を失ったことに尽きていくかと思います。ただし、身体性の回復というと、民衆をロマン化したり理想化したりする言説に流れがちなのですが、そうではない回復の仕方を考えなくてはなりません。

おそらく、今日議論していただいた仏教、神道、キリスト教、儒教、さらにはイスラームにしてもそうですが、こういったものが二一世紀に何か貢献できるのだとすれば、それは単なるお仕着せの普遍性を希求するのではなく、普遍的なものへと自らを開いていくところにあるのではないかと思います。

最後に、感情についてですが、わたしたちは感情を所有しているわけではありません。「自分の感情」と言いますが、それはおかしな言い方です。というのも、感情は人と関わるから生じるものだからです。感情における他者の重要性が少しでもわかってくれれば、それこそ上からの啓蒙とは異なる、また、下からのロマン化したり理想化したりするやり方でもない、水平的に人と関わっていける言葉が織り出されていくように思います。

今日は長い間、貴重なお話をありがとうございました。

（構成・佐藤麻貴）

III

一

鼎談　新しい精神文化を求めて

中島隆博×押見匡純×吉見俊哉

中島隆博　この鼎談では、二一世紀において新しい精神文化をどう考えればよいのかを主題にしていきたいと思います。その時に、東京という地域性の問題をどのように評価するのか、また、世界的な文脈で宗教や宗教性が問い直されているなかで、新しい精神文化とりわけ宗教文化をどのようにして位置づけたらよいか、この二つを柱にして、未来を展望していきたいと思います。

宗教と近代——世俗化と宗教復興

中島　まず、わたしから最初に少しお話をさせていただいて、その後お二人にうかがっていければと思います。

二一世紀における精神文化や宗教文化の使命について考える際に、近代のなかでの宗教の意味や位置づけが、現在大きく変わってきていることを確認することが重要だと思います。近代において中心になっていたのは、世俗主義です。そこでは宗教を個人のプライベートな問題であると捉え、公共的な空間から切り離しました。公共的な空間は世俗的であるべきだ。これが近代の大原則です。

ところが、二〇世紀の末あたりから、そうした近代的な分割に収まらないような動きが出てきます。それが、世界各地に見られる様々な宗教復興という現象です。極端な場合には、原理主義の運動になってはいきますが、近代の大原則である世俗主義だけではうまく生きていけないのではないかという、人々の不安を汲み取った面もあったかと思います。

これをユルゲン・ハーバーマスは「ポスト世俗化社会」と呼びました。とはいえ、それは世俗主義を見直すだけではありません。宗教自体がもう一度問い直されようとしています。プロテスタンティズムをモデルにした近代的な宗教だけが唯一のモデルではないのではないか。宗教ならぬ宗教性あるいは精神性に注目しなければならないのではないか。それによってはじめて、ある宗教を信仰している人と世俗的な人の間の対話や翻訳ができるのではないのか。このような見直しが出されているのです。

断ち切り、再び繋ぐという宗教の役割

中島　宗教と訳されている言葉の元になっているレリジョン（religion）という言葉の起源は、諸説ありますが、ラテン語のレリギオ（religio）、つまり人々を再び繋げていくという意味があると言われています。従来の繋がりを断ち切った上で、再び繋ぐということですね。しかし、そもそも人と人とが繋がるということはどういうことなのでしょうか。近代の宗教と世俗の枠組みでは、内面の問題は個々人に任せておけばよいことになりますから、人と人が繋がって宗教的なコミュニティを作る意義は薄れます。キリスト教においては、聖書を通じて個人が直接神に向かえばよいということになり、教会のような中間的な組織は存在理由を失っていきかねません。しかも、二一世紀になりますと、人々の孤立感や分断化はますます深刻になってきました。近代自体が個人の内面を重視する以上、それは孤独や孤立を生みやすいシステムだったわけですが、二一世紀はそれを加速していきました。「居場所がない」とか

「自分のアイデンティティが揺らいだ」というケースに対して、いったいどう応ずればよいのでしょうか。

簡単に考えてしまえば、何か安心できるコミュニティがあって、そこで人と繋がればよいとなります。しかし、今はそう簡単なことではありません。「絆」という言い方がもたらした問題がどれだけ深刻であったかを思い出せばよいかと思います。人と人が繋がることの意味をきちんと考えていかないと、非常に安易なイデオロギーに回収されてしまい、かえって戸惑ってしまうのです。精神文化や宗教文化の意味や役割を考えるのは、まさにこうした人と人との繋がり方に関わっているのです。

そこで、お二人には、今日における精神文化や宗教文化の役割や意味をどのようにお考えになっているのかをうかがいたいと思います。その際、二つのことに注意を払いたいと思います。ひとつが、世界的な文脈において理解すべき、ポスト世俗化の問題や宗教復興といった現象です。もうひとつが、人と人とのあらたな繋がり方です。あらたに繋がり直すためには、今までの繋がりを断ち切る力がどうしても必要です。こうしたことを、東京の中心地で展開している様々な精神文化や宗教文化の活動から考えてみたいのです。

世俗化におけるプロテスタンティズムとナショナリズムの影響

吉見俊哉　中島先生から、「近代」と「宗教」という大変大きな課題が提示されましたね。近代の世俗化に関しては、学問的文脈で言うと、少なくとも二つのことが長く議論されてきました。

ひとつはプロテスタンティズムで、もうひとつはナショナリズムです。まず、通説的には、近代には二段階あるとされます。一六世紀に始まる近代と、一八世紀末に始まる近代です。一六世紀に始まる近代は、大航海時代や宗教改革、ルネッサンス、印刷革命などの時代でした。日本は安土桃山時代です。「近世」ないしは「初期近代」とも言われます。これに対して、一八世紀末からの近代は、フランス革命や産業革命、英仏の帝国主義と日本の幕末維新、つまり狭義の近代です。世俗化が支配的な流れになるのは、一八世紀末以降の近代です。

それ以前、一六世紀から世界に広がった初期近代は、世俗的な時代ではありませんでした。そもそも宗教戦争をしているわけです。この時代、プロテスタントとカトリックは極端に原理主義的になっていました。キリスト教とイスラームの抗争も世界で起きていました。それが反転して、一八世紀末以降、世俗化が急速に起こっていくのです。この世俗化という問題は、人々が宗教に関心を持たなくなったというよりも、プロテスタンティズムが内面化して資本主義の精神となり、社会がどんどん個人化していった変化と繋がっています。

ところが、同じ一八世紀末からもうひとつの変化が生じます。それがナショナリズムです。ナショナリズムが勃興し、それに人々が強力に統治されていくなかで、世俗化が起こっていったという面もあります。つまり、一方の市民化と他方の国民化、これは同じコインの表裏ですね。

そうすると、世俗化の限界とともに個人の限界とナショナリズムの限界が見えてきます。一方で、個人が独立した存在で、内面の問題として宗教が語られるという前提が崩れていくのと同時に、他方で、ナショナリズムも限界に達して、国民国家というフレームが壊れていく。この両方が同時に起こってきたのが現在です。言うまでもなく、この背後にあるのは資本主義の高度化です。

神道の特徴、特殊性

吉見 こうした前提を置いた上で、日本の神道を考えますと、いろいろと面白いことがあります。神社の参詣は、個人の内面的な意志として参詣している人もいるかもしれませんが、多くの場合、社会的慣習の一部をなす行為で、プロテスタント的な個人化をしてはいないように見えます。神道は、個人よりも家族やコミュニティの結びつきの結節点にあることが重要ですので、プロテスタンティズムとは真逆と言えます。神道的な信仰のあり方は、内面よりも外面というか、共同体においてどう振る舞うかということが大切ですね。信仰が、個人を世間から離脱させる契機にはあまりなっていない。

神道の基盤は、村や町内会といった地域コミュニティの繋がりですね。神道にとって一番大切なものは、祭りです。それに対して、プロテスタントにとって一番大切なものは聖書であり、カトリックにとって一番大切なものは教会です。もちろん神社の社殿も大切だとは思いますが、祭りが最重要であるような信仰のあり方は、キリスト教的な信仰とは非常に違う気がします。そこに日本の神社の可能性もあるでしょうし、キリスト教やイスラームを中心に世界で起きてきたこととは、宗教性のフェーズがかなり違う面があると思います。

押見匡純　戦後の急激な都市化に伴い、郊外の里山が宅地へと変わり、そこに新しい人が移り住むようになりました。そこで、昔からの住民と新しく移り住んでこられた方々との交流の場となっているのが、鎮守の神さまのお祭りであるといえます。お神輿《みこし》やお旅所《たびしょ》の準備、運営で氏子をはじめ新旧住民同士が強く結ばれます。すると、人生の苦しい時、悲しい時、お祭り仲間は互いに支え合い、助け合うことができるようになるのです。

お祭りのもつ不思議な力は、目には見えませんが、老若男女がお祭りに参加し、お互い強い絆《きずな》で結ばれ、地域社会がひとつにまとまり発展していくことができるものと考えます。

言うまでも無く、お神輿《みこし》の巡行《じゅんこう》も氏神様と氏子また住民同士の絆を結束する役割をはたしているのです。

近年、災害がとても多く生じています。あちこちに復興支援活動に行かせていただいたのですが、社殿が損壊している姿を見て、地域の人がとてもがっかりしているのを感じました。地域の中心であり、心の支えでもある神社を早く復興しないといけないと思いました。今度はコロナ禍で、お祭りがなかなかできない状況にあります。それは、東日本大震災やほかの災害のときも同じでしたが、祭りがないことは多くの日本人にとって、日常ではなくなることだと思います。祭りの際に地域の人たちが集まって、今年のお祭りはどうしようかと話し合いをするなかでコミュニティが形成され、こうした有事のときに地域の和が生きてくるわけです。

神社は宗教かどうかというと、宗教学者の中でも意見が分かれています。宗教的な要素はもちろんありますが、日本人の生活習慣そのもので、神道は習俗だと言う方もいらっしゃいます。

神道と疫病の古い関係

吉見　新型コロナ感染症のパンデミックは、神道とも関わりが深い。今起こっていることは、全世界的な疫病です。疫病の流行を、日本は昔から経験してきています。古来、神道において地震や水害などの災害以上に頻繁に鎮めなければならなかったのは、疫病だったと思うのです。菅原道真公にしても、平将門公にしても、怨霊は災いをもたらす神となり、その荒ぶる神を鎮めることが神社にとって非常に重要な機能でした。疫病は、人々に最も身近な災いで、近代に至るまで、いや近代に至っても絶えなかった。

そして疫病は、イメージとして「怨霊」の形をとりますね。神田明神であれば平将門公、湯島天満宮であれば菅原道真公は、死後、怨霊となり、そして神社に祀られます。考えるべきは、誰が、道真公や将門公を怨霊や神にしていったのかということです。もちろん、歴史上の人物としての菅原道真は調べればわかります。そうではなくて、彼を怨霊にした力は何であったのか、そして怨霊化した道真公を鎮めるために神社がなぜ全国に生まれていったのかを考えたいのです。彼を怨霊化していった力と、それを鎮める神社の力の関係は、グローバルな構図としても、パンデミックになっていく疫病とそれを鎮める宗教的な力という関係に対応していると思います。

したがって、現在のようなパンデミック的な状況に、神社は昔から比較的慣れているはずです。共同体的な空間を何か恐ろしい疫病が外から襲って、その安定が大混乱に陥ったとき、祭りによってそれを鎮めるという機能です。現在のコロナパンデミックを、怨霊の視点から考えると、神社の役割が、多くの人が抱える疫病への不安やそこからの救済にそもそもあったことに気づきます。

押見　天神信仰の形態のひとつに、「綱敷《つなしき》天神」があります。綱の上に坐して忿怒《ふんぬ》相《そう》のすさまじいものです。大宰府左遷の折、菅原道真公が海岸に上陸すると漁師が船の艫綱《ともづな》を巻いて円座とし、休息を願ったという伝承があります。目は半眼で憤り、荒ぶる神の代表として畏怖されました。しかし、このような荒ぶる神としての信仰はほんの一部です。むしろ慈悲深く、冤罪になげく弱者の味方のやさしい神でした。

留意すべきは、古代より地方では、天神の社《やしろ》は村の外れや町の入口に鎮座されていたということです。荒ぶる力の強い神、怨霊といわれた天神を祀ることで、疫病をもたらす疫《やく》病《びょう》神から村や町を守っていただけると考えていたのです。荒ぶる神によって荒ぶる神から守っていただく、これも日本人の信仰のひとつなのです。

宗教のアナログ性——「触れる」という力

押見　ところが今やネット社会となりました。しかしながら人間がデジタルになってしまうわけではありません。心はずっと一定しているわけではなく、紆余曲折して変化していきます。心が揺れたり不安になったりしたとき、神社としては、お参りに来ていただいて、清々しい気持ちになっていただく。それが神社に求められる第一のものだと思います。

今、御朱印が人気ですが、御朱印は帳面に手書きする、実にアナログなものです。ネット上で御朱印は手に入りません。御朱印を受けることには、行く道中や、行ったときの空気感、お参りしたときのその気持ちが全部入っています。ネットでは絶対に感じることができません。人間のアナログ的な感覚を満たすものが神社にはあって、人々はそれを求めに行っているのだと思います。

吉見　押見さんが御朱印の話をされましたが、江戸時代であれば、伊勢参りをして伊勢神宮のお札をもらうことが大切でした。お札に触れ、持つことによって力をもらうわけですね。神社の信仰では、何かに触れたい、何かものを持ちたいという触覚的な部分がとても大きいと思うのです。触れたときに与えられる力が重要なのですね。

ところで、全国に天神様はいくつくらいあるのでしょうか。

押見　約一万二〇〇〇社です。

吉見　約一万二〇〇〇もの天神があるということは、道真公はとてつもないスーパーパワーの持ち主ですね。しかし、彼に力を持たせたのは、彼自身ではありません。人々が彼を神様に祀り上げていったのです。そしてその祀り上げられた天神様から、人々は力をもらう。道真公や将門公の力は、人々の恐れや不安、疫病など、社会にとって破壊的でネガティブな力が反転したものでしょう。祀り上げることによる反転で、マイナスの力がプラスの力になる。そして反転した力を、神的なものに触り、また同時に触ってもらうことによってもらうわけです。見るだけ、話を聞くだけでは力はもらえません。

この触ることとの宗教化は、日本人の清潔感とも関係があるのではないかという気がします。実際、日本政府が政策的に大したことをしているわけではないのに、日本で新型コロナウィルスの感染者が、今のところ抑えられているのは不思議ですが、その理由のひとつに、マスクや手洗いなど、清潔好きな日本人の生活習慣が作用していそうです。接触に対する感度・感性は、日本の神社信仰の中で長く制度化されてきた面があると思うのです。

ですから、やはりコロナも怨霊なのです。現代の将門公、道真公です。この新型コロナウィルスという怨霊を鎮めるスーパーグローバルな神社ができるかもしれません。その神社は、コロナ怨霊を祀り上げてプラスの力に変えられるかもしれません（笑）。道真公や将門公に表象される力があり、それに触るということを宗教化する伝統が日本の神社にはあります。そして、それが日本人の習慣に深く根づいていることが面白い点です。

触れることへの畏れ、敬意と距離

押見　触れることに関して考えてみると、日本では挨拶の際に基本的には握手ではなくおじぎをします。欧米など海外だと握手はもちろんのこと、抱擁もします。そういう文化圏では、身体接触が親密であればあるほどよいとされているかもしれませんが、日本では逆に触れるということに対しては畏れがあるのです。

古来日本では、基本的には、直に対象に触れることは不敬にあたると考えられています。神社に参拝する際には手水がありますが、それはまずは自分の中で心を祓い清めるためです。祭典の前にもお清めをします。触れる前にまずを清めます。清めをひとつの区切りとして世俗と神聖な場所や物を分けているのです。

その上で触れるということは、そこに繋がるという大きな意味が生じ、それは、その方（神や人）の力をいただくことになるのです。神道では、触れることは、とても高い段階にあると思います。

それは畏れという言葉でも説明できると思います。神様にも、尊い方にも畏れを感じます。尊い方であればあるほど日本人は畏れを感じ、その最も尊い存在が神様で、触れるどころか目を合わせることも憚られるのです。つまり、日本人は、畏れや敬意をその距離で測るのです。本当に親しければ、握手をしても肩を組んでも構わないのですが、目上の方であれば、握手を最初から求めるのは不作法になるというわけです。

吉見　坂部恵先生が昔、「触れる」ことの西洋と日本の違いについて、非常に鮮やかに書いていらっしゃったような気がします（『「ふれる」ことの哲学——人称的世界とその根底』、岩波書店、一九八三年）。たとえば「気がふれる」とか、「魂振《たまふ》り」だとかにも現れています。それらは触覚的に触れることと意味論的には繋がりがありますが、日本の語彙体験の中で「触れる」という語の展開形はとてもたくさんあるわけです。それが、日本人にとって触れることの意味合いの深さである。こうしたことを坂部さんは非常に上手に書いていました。

経験が深まるふるまい方やライフスタイルのガイドとしての宗教

中島　坂部先生は「ふるまい」とおっしゃっていました。吉見先生、押見権宮司ともに「生の様式」や「生活の仕方」、まさにわたしたちの普段の振る舞い方に注目しているのが面白いですね。

プロテスタンティズムは信仰の中心から教会を外して聖書に入っていきます。聖書を通して神と直接内面において向かい合うことができるはずだと考えたわけです。そこには生の様式を考える余地は少ないように思います。それに対してカトリックや東方キリスト教はどうかというと、まさにライフスタイルの問題を考えて、それを信仰と結びつけるわけです。教会に行くことが生の様式や自分の振る舞い方に重要なエレメントであって、信仰においても欠かすことができないということなのでしょう。

ところが、近代ではプロテスタンティズムをモデルにした「宗教」概念が広まってしまいました。多くの人々が困ったわけです。そして、大慌てで教義経典を作ったり、信仰体系を整備したりしたのですが、どうもしっくりこなかった。別の仕方で宗教を定義し直したり、精神文化を考え直したりするべきではないのか。そして、それは生の様式に深く関わっているのではないか。

今の新型コロナウィルスに関して、その発言が炎上しているジョルジョ・アガンベンというイタリアの思想家がいます。彼は個々の人間の生に巧みに介入し、管理支配する生権力をずっと批判してきています。そのアガンベンが重要視するのは移動の自由と死者を弔うことです。生きることに至上の価値が置かれ、社会関係、労働、友人関係、情愛や宗教的、政治的信念が命を守るために犠牲になっても仕方がないという考え方を批判するのです。「生き延びる以外の価値をもたない社会とはどのようなものか?」という記事を書いています（「説明」、二〇二〇年三月一七日に「一つの声」に掲載、『現代思想 感染／パンデミック』二〇二〇年五月号所収）。そこでは、新型コロナウィルスに罹った家族の臨終に立ち会えないこと、司祭が棺の前で祈れないこと、葬儀が執り行われず死者に敬意が払われないことを批判しているのです。それはイタリア政府が取った感染抑制のための外出規制や政策に対する批判であるのですが、多くの人に批判されるわけです。この非常事態に何を述べているのだ、と。しかし、アガンベンは絶対に屈しません。生政治や生権力に対抗しながら、彼が最終的に主張しているのは、わたしたちの生の様式を改めないといけないということです。その際に、彼が戻るのはローマ時代に遡ることのできる古いタイプのキリスト教です。具体的には、修道院規則などに戻り、単純に質素に生きるということを提案しています（『いと高き貧しさ――修道院規則と生の形式』、みすず書房、二〇一四年）。資本主義のもと、わたしたちはどうしても過剰生産や過剰消費をして経済を回さなければという強迫観念に取り憑かれてきました。しかし、そうした道を振り返ってみても、あまり幸せな感じがしないわけです。このたびの新型コロナウィルスのパンデミックにおいて、もう一度、生の形が本当に問われているのではないかと思うのです。

話を戻すと、近代的なプロテスタンティズムと、日本の精神文化がこれまで提案してきたライフスタイルはだいぶ違う面がありますが、質素に暮らすとか人に親切にするといった、人間の基本的な振る舞いについては違いがあるとは思えません。わたしは、様々な宗教や精神文化が提案してきた生の様式、すなわち「ふるまい」がもう一度見直されるべきだと考えています。

この点で、先ほど出た御朱印やお札などの議論は重要だと思います。つまり、そのモノが大事なわけではなく、それらを手に入れる経験、そして巡礼をしたりすることで経験が深まっていくことが鍵です。経験が深まることで、生の様式は洗練されていくのだと思います。御朱印やお札はそのための取り掛かりのひとつなのでしょう。経験が深まることによってはじめて、わたしたちはちゃんと生きているという感覚を持つことができるのです。

その上で、お二人に深めていただいた「触れる」という問題を議論できるかと思います。近代が強調してきたのは「見る」「聞く」といった視聴覚ですね。わたしたちはデジタル機器の前で、日々それを駆使しています。しかし、より根底的な経験に関わってくるのは、「触れる」ことの方です。しかも、それは実に興味深いあり方を人間に要求しています。つまり、一方で、人は何かに触れなければいけません。触れなければ経験は変容しないからです。しかし、他方で変に触れてはいけません。触れることによって、経験が壊れる可能性があるからです。このように一見矛盾したように見える、「触れる」「触れない」という合間で、わたしたちの生の様式は洗練されてきたのでしょう。

レリジョンという言葉に絡めて言い直せばこうなります。一方で、触れて繋がらなければなりません。しかし、他方で、単に繋がっても仕方がないのです。触れず、切断し、距離をとって、「尊敬の空間」を作っていかなければなりません。こうした、繋がったり断ち切ったりを繰り返していくリズムが、日本の精神文化や宗教文化に埋め込まれていると考えてみるのはどうでしょうか。そして、それは日本だけのことではなく、かなり普遍的な広がりを持つはずです。

ところが、近代の歴史を振り返ってみますと、国家がいろいろな仕方で宗教を利用してしまいました。宗教は人々を繋いでしまうものなので、その力を国家が借りれば、とても都合がよいわけです。そこに乗せられた人や、しぶしぶ利用された人がいます。そういった不幸な歴史もあるので、国家と宗教の結びつきは警戒しないといけません。しかし、氏神様があちこちにある風景は、もともとは国家と関係ありません。明治国家が最初に行ったことは、地方の小さい神社を潰して、大きな神社に統合することでした。氏神様に象徴されるような、在地性を消去し、中央集権化を進めたわけです。神道は国家主義ともともとイコールだったわけではありません。国家神道は近代のナショナリズムが作り上げたものなのです。

ですので、二一世紀においては、二〇世紀のナショナリズムから離れて、神道に体現されていた人と人の繋がり方や切り方のリズムを考え直してもよいかもしれません。他の宗教や精神文化にも似たものがあるわけですから、そうした観点で対話ができれば、新しい宗教文化や精神文化の風景が見えてくると思います。

押見さんが、「アナログ」とおっしゃいました。アナログとはもともとアナロギア（analogia）ですね。それは、この次元とは違うものと対比すること、異なるものに類比を見出していくことです。これは人間の非常に面白い推論の仕方だと思います。デジタルは推論というよりは、ゼロかイチへの分割です。

わたしたちの経験は非常に複雑です。それは、経験のなかに、他のものと対比するというアナログ的なものが最初から折り畳まれているからだと思います。しかも、経験には身体が不可欠です。しかし、身体ほど不思議なものはありませんね。それは単なる物体ではなく、それを生きる場なのです。この不思議な場である身体に根差して、経験が深められていきます。ライフスタイルとして身についたものが経験を深めるガイドになっているわけです。こういった構造が、あちらこちらの精神文化で強調されてきたのではないかと思います。

お二人から祭りの話が出てきました。わたしたちが生きているコミュニティが安定したものであったためしはありません。いつも分裂し、分断され、不安定なものです。そうしたなかで、かろうじてピースをつなぎ合わせ、縫い合わせる実践的な努力を続けてきたのだと思います。その努力のひとつが、祭りに表象されているのでしょう。そして、他のコミュニティにも同じようなものがあります。では、複数の宗教文化や精神文化を貫いている、そのような努力とはなんなのでしょうか。

わたしは、それは信仰というよりは、礼、つまりリチュアルなものだと考えています。礼には身体的な振る舞いが必ず含み込まれていますし、時代や地域によってどんどん変わっていくものです。礼には必ずしも超越的な神は必要ありません。そうではなく、礼は不安定な人間たちが不安定なコミュニティをなんとか繋ぎ合わせようと努力するなかで出てきた振る舞いのスタイルなのです。ところが、内面的な信仰を強調する近代においては、そうした礼は外面的な儀礼であるとして退けられてきました。それでも、二一世紀になって、こうした礼の有効性が改めて見直されていると思います。たとえば、押見さんは装束を召されていますね。これもまたひとつの礼です。スーツを着ても問題ないのかもしれませんが、ある衣装をある仕方で着ることが人間の経験を深めるのに重要な役割を果たしていることも確かです。とはいえ、礼に縛られると、すぐに虚礼になってしまいますので、生きたものであり続けるためには、繊細な注意を払わなければなりませんが。

宗教の開放性とその対象

吉見　礼についてては、礼拝とのつながりもありますね。礼拝は、拝むだけではなくて、礼に従って拝むということですね。わたしは今回、この東京文化資源会議の社寺会堂研究会や街歩きの中で、湯島天満宮や神田明神、それ以外にもキリスト教会も含めていろいろな社寺会堂を見に行っています。その中で、宗教的教義はまるで違いますし、全然繋がらない部分もあるかと思うのですが、御徒町のアッサラーム・ファンデーションのモスクと、湯島天神や神田明神がなぜか似ていているように感じられ、プロテスタントの教会とか、カトリックの神田教会などは最も対極に感じるのです。

なぜそう感じるのかというと、大まかに言うと庶民性です。モスクも今は東南アジアとか南アジアなどからいろいろな外国の人が来ていて、非常に日常的で庶民的です。御徒町のアッサラーム・ファンデーションの持つ発展途上という特性もあるかもしれないですが、ずいぶん庶民的でオープンです。

神社も基本的にオープンです。お寺の方が少しクローズドです。これは神田明神の清水宮司に教えていただいたのですが、神社のビジネスモデルとお寺のビジネスモデルは異なっています。お寺にとって一番大切なのは檀家ですが、神社にとって一番大切なのは参詣してくれる不特定多数の人たちです。したがって、存続のためにも、半ば経営戦略的にも神社はオープンにならなければいけない。

しかも、概して立地する場所も違います。キリスト教会は比較的大学とか学校の近くにあります。しかし、大都市では大きな神社とかお寺は比較的盛り場の近くにあります。モスクは東京に十数か所かありますが、代々木上原を別にすれば、これも上野や新宿、池袋など盛り場の近くにあります。その都市に集まる外国人の方々とか、いろいろな人たちがモスクに礼拝に来るのです。

イスラームの場合、重要なのは一日何回礼拝すること、金曜日には必ずモスクに来て礼拝することではないでしょうか。なおかつ、これは食べてはいけない、いつからいつまでは断食しなくてはいけないなど戒律があります。それらは生活慣習的な厳しさです。この生活慣習的な厳しさは、宗教教義的な厳しさとは違います。

他方、日本のキリスト教会の特殊性もあると思います。韓国のキリスト教会とはずいぶん違うでしょうし、ラテンアメリカのキリスト教会とはまるで違います。日本の場合、特に明治以降のキリスト教の布教活動は知識人をターゲットにしました。したがって、東京大学の周りにプロテスタントの教会がいっぱいできたのです。また、ミッション系の学校もたくさん作られました。日本でキリスト教系の大学や女子校がとても多いのは、戦略的にエリートの子弟や知識人を信徒にしていたからです。

中島 キリスト教会のあり方に関して、東北学院大学の松谷基和さんが韓国教会をテーマに博士論文を書いています。それは最近書籍化されました（松谷基和『民族を超える教会――植民地朝鮮におけるキリスト教とナショナリズム』、明石書店、二〇二〇年）。それによると、キリスト教会は日本と韓国では、布教のターゲットを変えたそうです。日本の場合は、知識人層を押さえれば自然に下りていくと考え、いわばトリクルダウン式をとったわけです。トリクルダウンというのは、経済学でも論じられますが、それ自体間違っている考えなのかもしれません。それに対して、韓国では最初から知識層を狙うのではなく、ミドルクラス以下に布教するという明確な戦略があったようです。

押見 神社は他宗教の方がお参りしてもかまいません。神道は他の宗教とは少し性格が違うと思います。宗教という言葉を使わずにそれぞれを個々に考えるほうがわかりやすいのではないかと思います。

先ほど、盛り場に神社がある、とおっしゃったのですが、おそらくもともとは逆だと思います。神社があって、それを囲むように町ができます。中心となる神社が鎮座し、参道に様々なお店ができ、お参りに来られた方が立ち寄る。またそのお店目当てに各地から人々が集まって、地域が大きくなっていくのだと思います。湯島天満宮には、江戸時代、富くじがありました。三か所しかなかった幕府公認の富突き場の一か所だったのです。それは、湯島上野に花街があって旦那衆がいたからだと思います。

神社は、人々がいろいろな目的で集まる場所ですので、他の宗教よりも境内が重要になります。境内には緑があり、鎮守の杜がセットで神社と捉えるわけです。神社に神様が鎮まり、そこにお参りするのが本義ではあるのですが、境内の緑、また神社の周りの町などともセットで神社というものは存在しています。

中島　パンデミックという言葉、これはもともとパン（すべての）＋デモス（人々）、つまり、あらゆる人ということです。あらゆる人に関わるというのがパンデミックです。もちろん、まったく平等ではなくて、世界でも日本でもコロナでひどい目にあっているのは、比較的貧しい人だったりします。

今後は神道も含めて、キリスト教以外の精神文化を「宗教」と呼ぶかどうかは議論した方がよいと思います。わたしは「宗教性」や「精神性」という概念で整理する方がより抵抗が少ないように思っています。ともあれ、これまで「宗教」と呼ばれてきた精神文化はおしなべて、この「すべての人」ということを考えてきた気がします。特定の人たちだけのサークル的なものに止まるのではなく、どこかでそれを超えて、誰でもどうぞという「開放性」が備わっていたように思います。そして、二一世紀においては、この「開放性」がますます問われていくのではないでしょうか。

グローバリゼーション下での接触過剰と接触拒否――交流の拡大とクライシスのセット

吉見　「開放性」との関係において大切なのは、「触れる、触れない」の技法ですね。「触れる技法、触れない技法」は身体文化的な技法であり、これらをどう洗練させていくかが重要です。

ここ二、三〇年はグローバリゼーションの時代です。グローバリゼーションは触れること、交流すること、集まることを、拡大し増殖させることが基本的な傾向でした。私は基本的にはそういったものを擁護すべきという立場ですが、ここにきて急にブレーキがかかって、触れてはいけない、触ってはいけない状況が到来しました。接触の過剰がそれに対する忌避を生んでいるという構造です。

コロナパンデミック下の状況になって極端にこの傾向は出ていますが、二〇〇〇年代くらいからすでに始まっていました。まず九・一一、二〇〇一年の同時多発テロがあり、その後も、アメリカの大統領選挙でトランプ大統領が選ばれたり、イギリスのブレグジットがあったり、全世界で、触れて交流することが広がっていくことに対する逆の面が出てきていました。このように、接触すること、交流すること、触れることの拡大増殖と、それから、接触すること、交流すること、触れることの禁止がせめぎあっているのが現代です。

パンデミックが持っている根本の問題として、歴史を振り返るならば、パンデミック的な感染症や疫病の拡大は、接触や交流が拡大した時期の後に必ず起こってきたという事実があります。先行例は、一九一八年のインフルエンザパンデミックです。第一次世界大戦の終わりの時期で、大戦によって、世界的に人が動いていた時期です。その前は一八一七年のコレラパンデミックです。大英帝国の覇権がグローバルに確立していくなかでコレラは帝国の最も重要な植民地だったインドから世界に拡がりました。さらに遡れば、有名な一四世紀のペストパンデミックも、モンゴル帝国がユーラシアを制覇して、中国からヨーロッパまでどんどん交流が活発化していったのが一三世紀でした。人の交流が活発になっていった時期に疫病の拡大が起こるのです。

人の交流の拡大は、生産性を上げ、文化的な創造性を上げるだけではなく、危機を必ず呼び込みます。これは人類史的な法則性ですね。その時にどのように他者と触れ、また触れないのか、どのように距離をとるべきかという技法が、信仰や宗教、宗教的心性、宗教的振る舞いの歴史の中で非常に重要な契機を占めていたと思います。神との触れ方も含めて、異なるものとの触れ方の技法を世界の宗教はいろいろな形で発達させてきた。神道は、言語的には体系化されていない面もあるかもしれませんが、触れる、触れない、距離の取り方、他者との関係の持ち方の身体技法や社会的技法を、非常に長い時間を使いながら構造化してきたのではないかという気がします。

中島　グローバル化が進めば、人と人の交流が促進されるだけでなく、人は自然のなかにも深く入っていきますから、当然、環境問題も深刻になります。わたしたちはパンデミックによって右往左往しているわけですが、実は今出てきている問題は既にわかっていた問題がほとんどです。それを放置していたので、格差はますますひどくなりますし、弱い人たちにより強くコロナの被害が集中するわけです。環境問題がコロナ禍の一因であることも明確ですね。わかっていた問題を手当てしないで放置してきた、そのわたしたちのあり方を、このパンデミックは明らかにしているのです。これはデモクラシー、つまりデモス（民衆）による統治の問題です。デモクラシーをもう一度問い直して鍛えなおすチャンスでもあるのです。

吉見先生がおっしゃるように、接触を拡大させるグローバル化には両面があります。そして、触れるにも技法があり、触れないにも技法があるわけで、わたしたちは適切な触れ方や触れない仕方が必要であることに、あらためて気づかされたのです。神道も含めたあらゆる精神文化には、どこかで日常から一歩引き下がるという態度があると思います。毎日賑やかに交流するのではなく、ある瞬間に引いてみる。そして、その瞬間に、あるスペースがその場所において供される。これはとても重要なことだと思います。

わたしはこの一か月（二〇二〇年五月）隠遁生活をしています。望んだものではありませんが、あらゆる社会的な活動から引き下がっているわけです。しかし、それを経験しますと、むしろそういった引くことをこれまではずいぶん蔑ろにしてきたと反省してしまうのです。多くの人は生活がガラっと変わったと感じていることでしょう。そのなかで、引いて隠遁することで、隙間のように開いた小さな時間や空間が、これまで摩滅していたと気づいたわけです。そうしたスペースを回復して、触れ方や触れない仕方をあらためて考えるチャンスだとも思います。そして、それは精神文化への再びの接続であるように思うのです。

大いなるモノとの距離感と関係性——垂直か水平か

押見　「触れる」と言ったときに思い浮かぶ光景があります。昨年二〇一九年一一月にローマ法王が三八年ぶりに来日されました。広島に行かれて、各宗教の代表者と握手を交わし、挨拶をされました。そのお姿を、それぞれの信者たちはどのように感じ、感動していたのだろうかと思います。

日本人にとって触れるという行為は、ひとつには安心感や距離感の近さをもたらします。これはおそらく世界的に同じだと思います。もう一方で畏れ多いという感覚もあります。触れる、触れないということは、とても重要な距離感だと思うのです。家庭に神棚があって、神棚にお札をお祀りするのは、自分の神社が家にあることです。神様を自宅にお招きすることによって非常に距離感が近くなるのです。

道真公をお祀りした京都の北野天満宮、その国宝になっている本殿は、形態が特殊です。湯島天満宮もそうですが、多くの神社は賽銭箱の前に立てば大体奥まで見ることができます。奥に御神鏡などがあるのが見えます。しかし、北野天満宮は賽銭箱からそそり立つように階段があり、本殿が見えないのです。神様がいらっしゃるところを本殿、わたしたちがお参りするところを拝殿と呼ぶのですが、これらには高低差があり、拝殿がだいぶ低く本殿が高くなっています。しかしながら、北野天満宮は拝殿が通常より高いのです。賽銭箱の前からでは高い拝殿にさえぎられ、奥の本殿が見えないのです。

この珍しい造りの意図は、道真公がわれわれ庶民と近い存在の神様であることを表すためだとも言われています。拝殿の高さを通常よりも高くすることによって、参拝者と道真公との距離感を近づけ、それによって天神信仰の普及をしたともいわれております。そして、その形を参考にしたのが日光東照宮の本殿とも言われております。全国的に多くの方々が崇拝している天神様を参考に、東照大権現様を多くの方に信仰してもらおうということで、北野天満宮の本殿をモデルにしたと言われています。

つまり、距離感が重要だと考えているのです。というのも、触れる、触れないということの大本は距離感にあるからだと思います。相手に与える印象、また自分が持っている相手に対する思いの指標が、距離感、触れるか触れないか、という形であらわれてくるのが日本文化であると思います。他の国とはその距離感が多少違っていて、触れる、触れないということの意味が少し違うと考えます。

吉見　北野天満宮のお話から感じたのは、高低という感覚が、神道の場合と、キリスト教やイスラームの場合とで非常に違うということです。キリスト教会はフラットであり、天空といいますか、建物の頂上もしくは塔の上から神の光が降りてくるという構造になっていると思います。イスラームもそうだと思います。みんなが礼拝するところはフラットなのですが、神は頂点にいるということです。

これらに対して神社では、社会的な距離や、聖なるものとの距離の取り方が相当違っているようです。一方はフラットな空間の中で抽象的な存在として神がいる。もう一方は具体的に目に見えるところで高低の差があり、神様はその向こうにいる。日本の宗教は、山や山裾に神社など宗教的なものがあり、自然の地形に条件づけられているものが非常に多いのではないかと考えています。

この東京文化資源区の社寺会堂にしても、武蔵野台地の東の際にあり、台地の上に神社があります。

基本的には台地の際の崖のところにあり、町人は下から神社を仰ぎ見ています。この地形的な構造と神社との一体性は、日本の神社の信仰の形を考える上で非常に重要です。

それに対して、キリスト教会やモスク、それから儒教の聖堂といった巨大な文明の中で発達してきた宗教施設はもっと根本的に人工的な空間だと思います。そもそも都市がフラットで、東京や日本のほかの都市のように、丘あり谷あり川ありといった地形の都市は珍しいと思います。他方、神社の場合、自然地形と切れない形で聖なるものと信徒との距離が構造化されている気がします。

中島　先ほど話にでた家康公の権現様ですが、権現というのは仮の姿で現れるという構造ですね。見えているのだけど、権、仮のものだということです。その後ろに何かがあるのですが、それを見てもよいのかどうかはわからないわけです。もしかしたらだめかもしれない。いずれにせよ、近くに現れているものは仮のものであり、後ろに何かあるといった距離感が、この構造によって担保されています。後ろは自然の山でもかまわないし、なんでもよいのですが、それが直接現れているのではないという感覚です。それは人間に対しても繰り返されていて、たとえば、吉見先生をわたしが把握しようとしたときに、吉見俊哉というアイデンティティがある個人がいて、その人を抱きしめればわかるかというと、おそらくそうではないのです。目の前の吉見俊哉なるものの背後に、その人の生の歴史やその人の抱えている関係性といった、より複雑なものがありそうだという感覚ですね。こういった感覚に基づいた世界の把握の仕方が、神道を含めて、多くの精神文化にはあるのではないでしょうか。

近代化への更なる挑戦——経験という変容の契機

押見　そうですね。神社の本殿には御神鏡や御幣があり、それを通してお参りをします。そして、御扉の奥の奥に御神霊がいらっしゃるわけですが、わたしたちがその御容姿を拝見することはできません。自分の心に映る神さまのお姿を重要視するのだと思います。神道では、奥にあるものを自分はどう感じるかということが大変重要だと考えます。答えはもちろん重要なのですが、答えよりもそれに向かってどのように思考するかを重要視していると思います。

たとえば伊勢神宮の式年遷宮は二〇年に一度行いますが、その理由が明確に書かれた書物はありません。学者の方々が諸説を唱えてはいますが、二〇年に一度行うことにどういう意味があるのかはみんなが各々の立場で考えるのです。それは文化だからかもしれませんし、建築的な技法ゆえかもしれません。あるいは、心の伝承のためかもしれない。おそらくすべて構成要素として正解といえるでしょう。しかし、二〇年に一度行う単一の理由が定義されていたら、一三〇〇年間は続いていなかったかもしれません。もしかしたら、伊勢神宮の御正殿も近代建築になっていたかもしれない。明確な答えが表現されていないからこそ、なぜなのか考えることによって、様々な論理的な意義が見出される。さらに、その意義は体感しないとわからないものです。

ところで、オンラインという単語はとても新しい単語ですが、神社の参拝についてオンライン化はありえるのだろうかと考えています。他の宗教は教義経典がありますので、家でも完結することが多々あると思います。しかし、神社の場合、実際に神社に行かなければ参拝という目的が達成されないところが多分にあります。もちろんお守りを持つ、神棚にお札をお祀りするなど神社から離れてできることもあります。しかし、なんでもかんでもオンラインにすればすむのでしょうか。オンラインで繋がるというときの「繋がる」はとても耳あたりのよい言葉ですが、はたして繋がっているのかどうか。オンラインに接続はしているかもしれませんが、繋がっているのかどうかはよくわかりません。

また、今はキャッシュレスの時代になってきています。物理的には、お札やお守り、お賽銭もキャッシュレスにできます。できますが、その良し悪しは問えるのか。また、キャッシュレスでお守りをいただいたとき、キャッシュレスでお賽銭を納めたときの気持ちは、以前と変わらないのか。こうしたことについて、先生方のご意見をおうかがいしたいと思います。

吉見 それは、神社にとって大切な話ですね。見る、聞くはオンラインでもできます。実際に、キリスト教のミサや説教をテレビなどで行っている人はたくさんいます。モスクの礼拝であっても、それぞれの家からオンラインでみんなが繋がって、将来的にはたとえば、バーチャルリアリティなどで、ゴーグルをつけながらモスクのような空間で礼拝を行うことはできるかもしれません。

その一方、オンラインでは、触ることはできないのです。見る、聞くだけになってしまいます。本当に触ることができるためには、神社まで行かなければできません。したがって、手を合わせてお賽銭を投げる、儀式をしてお札をもらうといったように、「場所」と「身体」そして「触れるという行為そのもの」が、本質的な部分にある信仰は、オンラインは不可能ですね。

押見 表面上はできます。しかし、オンラインでやることと、実際に行ったときの感覚はまったく違うものです。オンラインで接続はできますが、そこで本来の意味で繋がることはできるのか、と自問自答している最中です。

吉見 バーチャルリアリティでそれができるかと言いますと、根本的に違ってしまう気がします。

中島 それは、わたしたちの経験のあり方に関わっているのではないでしょうか。テレビを見るとか、スマートフォンを見るということでも、いろいろな経験ができるわけです。しかし、それによって経験を構造として深めることができるかといいますと、それは難しいと思います。なぜなら経験が深まるためには、人間が変容しなければいけないからです。

神社だけではなく、ある種の宗教施設に行くことは、今までの流れを断ち切る、切断するという意義があり、それがとても大事だと思っています。切断するには移動しなければいけません。少なくとも、空間的に身体を携えて移動することが、変容にとっては決定的に重要です。自由の重要な核心に、移動の自由があるのは、そのためでもあるかと思います。そして、その空間的な移動は、同時に時間的な移動にもなります。今の時空ではないところに身を委ねることは非常に大事なことです。

オンラインから、情報はあふれんばかりに入ってきます。しかし、そこには移動がないので、時間や空間を超えていくことによって経験が深まることはありません。接続はできますし、体験もできますが、経験にはならないと考えています。

お賽銭についても、お賽銭をオンラインで支払うことは単に情報を動かすだけです。しかし、お賽銭、貨幣を投げるということは、オンラインで操作をして情報を移動させているわけではなく、神社の銀行口座額を増やすといった取引をしているのでもなく、ある種の贈与なのです。賽銭箱に投じているのは、自分の心なのです。これがリチュアル（儀礼）なのです。オンライン化で問われているのは、そうしたリチュアルの意義でもあるかと思います。

吉見　先ほどのアガンベンの話になりますが、葬儀はオンラインでできるでしょうか。結婚式ぐらいなら、できそうな気がします。しかし、葬儀はどうでしょう。亡くなられた方の遺体を直接見たり、人々が触ったりということをせずして、そもそも葬儀がありうるのかどうか。人間の死とは何か。お坊さんの読経くらいであれば、オンラインでもできそうな気がしますが、本質的には葬儀はオンラインではできないと私は思います。経典宗教でも、オンライン化できないものがありそうです。

社寺会堂が密集していることの意味——静けさの賑やかさ

中島　最後に、社寺会堂が東京のこの地に密集していることの将来的な意義について、うかがえればと思います。

押見　ここで生まれ育ったせいか、全国的に見ても、世界的に見ても、この地は多くの宗教や精神文化が密に存在する地域であるということを、実はこの東京文化資源会議ではじめて知りました。ですので、いろいろ考える機会ができたことをとてもありがたく思っています。

人間は非常にアナログ的なものです。何が心のより所になるのかは個々の人によるかと思います。この地域というのは、様々な人たちが集まり、より所にできる場所がたくさんあるという点で、最先端を行っていると言えるのかもしれません。

そのなかでも、湯島天満宮と神田明神は距離はとても近いですが、同じ神社であっても参拝者層も違いますし、参拝者の願い事も違う部分があります。このようなことは世界的に見ても珍しいかもしれません。

神田明神は新しい建物を建て、グローバル社会に対する神社のあり方を模索されています。本殿をみても、神田明神は日本最古の鉄筋コンクリートでつくられた神社です。それに対して、湯島天満宮は平成に入ってから作られた一番新しい伝統的木造建造物のひとつであると言えます。このように両神社の外見の違いからも、神社の多様性をうかがうことができますが、両方とも信仰の中心的なものは崩さずに、時代に合った新しいことを常に模索しているという共通点もあります。わたしも、神田明神様にはいろいろなところで刺激をいただいています。

吉見 今、いろいろなことがオンライン化して引き籠っている感じがします。しかし、引き籠ることのポジティブな面も確かにあると思います。わたしたち大学の教師は、俗っぽいところも多々あるのですが、学問の徒ですから、神官や僧侶に近い。大学も本来は俗世間から引き籠って、少し引いているべき場所です。この湯島、神田、本郷、上野に、いろいろな宗教施設や大学があるのは、それだけ俗世間の隙間があるということです。産業社会なり資本主義社会なり、ビジネス界なり、これはこれで回っているわけですが、回っている部分だけで全部が埋まってしまうと崩壊します。隙間があることによって、しっかり回るし、新しい可能性も出てきます。宗教施設や大学というものはそういう隙間だと思うのです。

したがって、いろいろな宗教がごった煮的にこの地域にあることは、それだけ違う価値観や、違う考え方が共存する可能性が高いということです。それが多様性に繋がるのです。大学もそうですが宗教施設がたくさんあり、それが繋がって多様性を成していく。これが大切だと思います。

なぜならば、日本の社会や都市は概して多様性が少ないのです。アメリカ社会は文化的あるいは民族的に多様性が内包されているので、異なる民族、人種間でいろいろな問題が頻繁に起こってきました。それを調整しながら、新しいものが社会に内蔵されてきた。これがアメリカ型の社会です。

それに比べれば、日本社会は非常に同質的で同調圧力が強い。みんなですぐに自粛してしまう。この日本社会のなかで、東京における文化的多様性を考えるときに、宗教がこれだけ多様であることは、逆に可能性を秘めているはずです。このことを世界に伝えていく意味があると思います。民族的に多様な社会は、宗教的には寛容になりにくい。しばしばもっとシビアに価値観が対立している。逆に、同質的な社会は、なあなあでやれるところがあり、その分、宗教的に寛容になりやすい。そうした違いがあるかもしれないと思います。

中島　わたしはこの数年間社寺会堂研究会に関わらせてもらっていますが、「静けさの賑やかさ」という言葉が浮かんできます。吉見先生は隙間とおっしゃいましたが、経済的な賑やかさから一歩引いた静けさというのがあると思うのです。その静けさは、ただじっとしている静けさではなく、それ自体が別の賑やかさを持っている。「静けさの賑やかさ」が、東京のど真ん中にこれだけ多様な形であるということは、奇跡的なことだと思います。うっかりするとすぐに消えてしまいます。あるいは消されてしまいます。

これがひとつ、二一世紀の今後について何らかのヒントになる気がします。特に同調圧力の強い日本社会では、こういったものがなくなってしまったら、耐え難い息苦しさを味わうことになると思います。別のもの、ちがう形の選択肢が示されていること自体に意味があると思うのです。選択肢がなくなったら、これだけ強い同調圧力の社会では、本当に耐え難く、精神が崩壊してしまうような気がします。そうならないように、精神文化の多様性は、ひとつのストッパーにもなっているという気がします。

本日は長い間、ありがとうございました。

（構成・佐藤麻貴）

あとがき

佐藤麻貴

二〇一七年の秋口に東京文化資源会議の主催で、神田明神の地下会議室をお借りして第五回公開シンポジウム「東京・水の記憶と湯島社寺会堂プロジェクト」が開催された。その前年に交換留学先のアメリカから帰国し、日本の大学システムに馴染めなくなっていた私は、あの日、東京文化資源会議の事務局の金井康子さんと共に受付をしていた。シンポジウム中も受付をしていた私たちに、清水祥彦宮司はお茶をもってきてくれたり、秋雨の底冷えを心配してくれたりと、会議室の外にいる私たちに細やかな気遣いを示してくださった。初めてお目にかかった宮司の心優しさと気配りに、本来の日本の姿を感じ、水のシンポジウムだけに老子の上善如水が思い起こされ、心が和らいでいったのを、未だに昨日のように思い出す。

このシンポジウムで司会者を務められていた中島隆博先生を塾長に、湯島聖堂斯文会館で記念すべき第一回の社寺会堂塾が開催されたのが二〇一八年の初夏だった。社寺会堂塾は湯島神田上野社寺会堂研究会の思想面からの基礎作りをする事を目的として始められたが、東京文化資源会議の柳与志夫先生や金井さんに支えていただき御指導を受けながら、塾長の中島先生を支える社寺会堂塾の幹事を拝命した。

六施設が持ち回りで、それぞれの開催施設に合わせた議論を、年四回のペースで行い、それまでは直接的には往来が無かった各施設の方々が、少しずつ互いの施設を訪れ、その施設のもつ空気感や偶然性が織りなす歴史の重みに身を委ねながら、その施設に関連する専門家の方々から御講演いただくという、大変贅沢な一時を味わった。

私自身は九段にある某カトリックの女子校で中高時代を過ごし、毎日、通学路として靖国神社の境内の中を通り抜け、英霊の前でお辞儀をして学校に通っていた。宗教的な精神性は日常生活に身近にあったにも関わらず、むしろ、それはあまりにも日常の生活儀礼の一部であったため、大学進学以降、理系の学問に目覚めていく私にとって、そうした精神性に触れたり、それについて考えたりすることからは、随分と遠ざかっており、社寺会堂塾のお手伝いを通して実に久しぶりに、江戸東京のヒューマニティを基礎づけていた精神性と対峙する機会を得たことになる。社寺会堂塾の塾長を引受けられるにあたり、中島先生は、近代の世俗化の中で外縁に追いやられた精神性を、日本文化の特殊性といった議論に埋没することなく、より普遍に開かれたものとして考え直し、発信していきたいと仰っていた。社寺会堂塾の幹事を拝命し、若輩者ながら、何ができるのだろうかと考えた。江戸東京の精神文化を、社寺会堂を通して考えるということは、世俗化の時代と言われて久しい中、脈々と受け継がれている精神文化を、ある別の見方、すなわち丸山眞男が執拗低音と呼ぶ日本的な「なにものか」を、江戸東京の古層から探っていくという、時空を超えた「旅」へと誘われたように、私には感じられた。

実際、この本は時空を超えた「旅」を意識している。社寺会堂塾を通して、江戸東京の精神文化を象徴する各施設を訪問し、そこで実に色々な方々と出会い、各施設の直面する現代的問題に対する様々なお考えを伺い、研究者の先生方から御専門のお話を伺える機会に恵まれたことを振り返ると、大変、貴重な楽しい塾であったと、つくづく思う。私にとっての社寺会堂塾は、知的刺激に満ちた、知らないことを教えていただける数々の新しい出会いの「場」でした。各施設の方々とのインタビューにはじまり、今の日本を代表する第一線で御活躍中の末木文美士先生、伊藤聡先生、山内志朗先生、中島先生の論考と、論考を踏まえた上での座談会や、未来の江戸東京精神文化を考える鼎談の様子から、対話を通した知的興奮や、対話だからこそ浮かび上がる複眼的、重層的な見方、こうした「場」のわくわくするような雰囲気が、ほんの少しでも、この本を手に取る読者の皆さまにもお伝えすることができれば、望外の喜びだ。人は独りでは何も成し得ず、寛容さへの変容も共に経験を深めてこそ成し得るものと思う。この本は、新たな始まりへの一歩に過ぎない。江戸東京の精神文化を支えてきた社寺会堂の六施設の方々を中心に、新たな対話の場が開かれ、デジタル時代、ウィズコロナの時代と言われる渾沌とした時代における、新たな精神文化の希望の扉を開いていく一助になることができればと願ってやまない。

最後になりますが、湯島神田上野社寺会堂研究会、座長の吉見俊哉先生とアシスタントの沼千春さん、東京文化資源会議の柳先生、事務局の金井さんには、いつも温かく御支援いただけましたこと、この場を借りて感謝申し上げます。対談、座談会、鼎談の文字起こしをして下さったスタイルシフトの池永富美子さんとアシスタントの佐藤なつみさん、寺部直子さんにも、短いスケジュールの中、いつも迅速丁寧に対応いただけましたこと、ありがとうございました。また、勁草書房の編集者、関戸詳子さんには、お忙しいところ社寺会堂塾の当初から御参加をお願いしたのみならず、各施設のインタビュー、座談会、鼎談の編集作業に、常に伴走くださりとても心強かったです。ここにお名前を挙げきれなかったお世話になりました皆さま、心から感謝申し上げます。この本が、江戸東京の精神文化を、歴史を少し振り返りつつ、現在を見据えることにより、次の百年、二百年につなげていくための、ひとつの礎になりますように。

略歴

中島　隆博

東京大学東洋文化研究所教授。専門は中国哲学、比較哲学、世界哲学、表象文化論、現在刊行中のちくま新書の『世界哲学史』1～8の責任編集の一人。著作に『残響の中国哲学』(東京大学出版会、2007年)、『ヒューマニティーズ　哲学』(岩波書店、2009年)、『共生のプラクシス』(東京大学出版会、2011年)、『悪の哲学』(筑摩書房、2012年)、『思想としての言語』(岩波書店、2017年) 等、多数。

吉見　俊哉

東京大学大学院情報学環教授。専門は社会学・文化研究。主な著書に『都市のドラマトゥルギー』(河出文庫、2008年)、『博覧会の政治学』(講談社学術文庫、2010年)、『ポスト戦後社会』(岩波新書、2009年)、『平成時代』(同、2019年)、『視覚都市の地政学』(岩波書店、2016年)、『戦後と災後の間』(集英社新書、2018年)、『五輪と戦後』(河出書房新社、2020年)、『東京裏返し』(集英社新書、2020年) 等、多数。

佐藤　麻貴

東京大学連携研究機構ヒューマニティーズセンター、東京大学大学院総合文化研究科附属共生のための国際哲学研究センター兼務特任助教。専門は環境哲学。東京大学大学院総合文化研究科修了、博士(グローバル研究)。分担著に『環境倫理学』(昭和堂、2020年)、『子供ための哲学教育ハンドブック』(東京大学出版会、2020年)、『環境正義』(勁草書房、近刊) など。

押見　匡純

國學院大学を卒業後、太宰府天満宮 (福岡県) に奉職。その後、平成12年からの北野天満宮 (京都府) への奉職を経て、平成14年より湯島天満宮 (東京都) に奉職。現在は権宮司。

清水　祥彦

國學院大学文学部神道学科を卒業後、鎌倉の鶴岡八幡宮に奉職。その後、神田神社（神田明神）奉職し、2019年5月に宮司就任。内閣府「災害教訓の継承に関する専門調査会」委員（2003～2011年）、現在は東京都神社庁副庁長も務める。

対中　秀行

日本ハリストス正教会教団・東京復活大聖堂教会主任司祭。東京正教神学院卒業後、司祭叙聖。釧路正教会、盛岡正教会管轄を経て現職。ニコライ堂（東京復活大聖堂）の運営を担いながら、TRANS ARTS TOKYO 2016「湯島の杜と駿河台」への登壇や東京文化資源会議「湯島神田上野社寺会堂研究会」に参画。

平　正路

慶応義塾大学商学部卒業、三井生命保険（現大樹生命）入社、コンプライアンス推進役、（公財）三井生命厚生事業団常務・総務部長（出向）、三井生命株式担当部長（嘱託）を経て、（公益財団法人）斯文会常務理事・事務局長、東京文化資源会議、東京ビエンナーレ委員会に参画。

宮部　亮侑

東叡山寛永寺執事、寒松院住職、大正大学非常勤講師。大正大学大学院修了、博士（仏教学）。専門は法華思想。著書に『天台仏教の教え』（共著、大正大学出版会、2012年）など。

宮本　英尚

公益財団法人斯文会・常務理事。慶応義塾大学法学部卒業後、三菱石油㈱を経て菱華運輸㈱で常務取締役をつとめる。また、社団法人日本パワーリフティング協会専務理事および会長、NPO法人日本オリンピック・アカデミー監事、一般社団法人漢字文化振興協会理事および常務理事、公益財団法人斯文会評議員および常務理事を歴任。

モハメッド・ナズィール

宗教法人アッサラーム　ファンデーション（As-Salaam Foundation）代表役員、一般社団法人ジャパン・ハラール・ファンデーション（Japan Halal Foundation）代表理事、有限会社玉煌代表取締役、Sapphire Gem Export Co. President、日本スリランカ評議会（Sri Lanka Business Council of Japan）前茨木副会長、ジュエリータウン御徒町会員。

伊藤　聡

茨城大学人文学部教授。専門は日本思想史。特に日本中世の神道思想、神仏関係。著書に『中世天照大神信仰の研究』（法藏館、2011年）、『神道とは何か』（中公新書、2012年）、『神道の形成と中世神話』（吉川弘文館、2016年）、『神道の中世』（中央公論新社、2020年）、編著に『中世神話と神祇・神道世界』（竹林舎、2011年）、『日本宗教史3　宗教の融合と分離・衝突』（吉川弘文館、2020年）など。

末木　文美士

国際日本文化研究センター名誉教授、総合研究大学院大学（総研大）名誉教授、東京大学名誉教授。専門は仏教学、日本思想史・宗教史。著作に、『近世の仏教』（吉川弘文館、2010年）、『思想としての近代仏教』（中央公論新社、2017年）、『仏教からよむ古典文学』（角川選書、2018年）、『日本思想史』（岩波新書、2020年）等、共編著に『日本仏教を捉え直す』（放送大学教育振興会、2018年）等。

山内　志朗

慶應義塾大学文学部教授。専門は西洋中世・近世思想、倫理学と形而上学など。責任編集に『世界哲学史』1 ～ 8（ちくま新書、2020年）。著作に『存在の一義性を求めて』（岩波書店、2011年）、『小さな倫理学入門』（慶應義塾大学出版会、2015年）、『感じるスコラ哲学』（慶應義塾大学出版会、2016年）、『湯殿山の哲学』（ぷねうま舎、2017年）、『目的なき人生を生きる』角川新書、2018年）など。

社寺会堂から探る　江戸東京の精神文化

2020年10月30日　第1版第1刷発行

編　集　中《なか》島《じま》隆《たか》博《ひろ》
吉《よし》見《み》俊《しゅん》哉《や》
佐《さ》藤《とう》麻《ま》貴《き》

協力　湯島神田上野社寺会堂研究会《ゆしまかんだうえのしゃじかいどうけんきゅうかい》

発行者　井村寿人

発行所　株式会社　勁《けい》草《そう》書房

112-0005　東京都文京区水道2-1-1　振替　00150-2-175253
（編集）電話　03-3815-5277／FAX　03-3814-6968
（営業）電話　03-3814-6861／FAX　03-3814-6854
平文社・松岳社

ISBN978-4-326-24851-3　Printed in Japan

E・コッチャ　嶋崎正樹 訳　山内志朗 解説
植物の生の哲学
混合の形而上学
私たちは世界と混ざり合っている――動物学的である西洋哲学の伝統を刷新し、植物を範型とした新しい存在論を提示する。モナコ哲学祭賞受賞作。
本体三二〇〇円／四六判／二二八頁
ISBN978-4-326-15461-6　(2019.8)

坂野 徹 編著
帝国を調べる
植民地フィールドワークの科学史
フィールドワークの政治性とは何か。民俗学、考古学、生物学、薬学、人類学、地理学――多用な学問領域における調査の歴史から問い直す「帝国日本」。
本体三四〇〇円／A5判／二五六頁
ISBN978-4-326-20054-2　(2016.2)

坂野 徹
〈島〉の科学者
パラオ熱帯生物研究所と帝国日本の南洋研究
帝国日本の科学者は一体何を調べようとしていたのか。研究者と「島民」、帝国日本の意思、国策会社の活動が交錯する〈島〉の姿を描き、研究者の経験と知の政治性を問う。
本体四七〇〇円／A5判／四〇〇頁
ISBN978-4-326-10274-7　(2019.6)

高橋典史・塚田穂高・岡本亮輔 編著
宗教と社会のフロンティア
宗教社会学からみる現代日本
カルト問題、民俗、政治、教育――社会のさまざまな領域と結びつき、私たちの慣習や価値観の中に溶け込んだ形で存在する日本の宗教を、初学者にも分かりやすく解説する。
本体二七〇〇円／A5判／三二〇頁
ISBN978-4-326-60242-1　(2012.8)

＊表示価格は二〇二〇年一〇月現在。消費税は含まれておりません。